RELACIONES EFICACES

ERIC BARKER

RELACIONES EFICACES

Por qué todo lo que sabes sobre la amistad, el amor y otros vínculos sociales es (en su mayoría) erróneo

indicios

Argentina – Chile – Colombia – España
Estados Unidos – México – Perú – Uruguay

Título original: *Plays Well With Others*
Editor original: Harper Collins
Traducción: Jordi Tosa Mas

1.ª edición Febrero 2023

Copyright © 2023 *by* Ediciones Urano, S.A.U.
Plaza de los Reyes Magos, 8, piso 1.º C y D – 28007 Madrid
www.indicioseditores.com

ISBN: 978-84-15732-58-7
E-ISBN: 978-84-19413-83-3
Depósito legal: B-22.004-2022

Fotocomposición: Ediciones Urano, S.A.U.

Impreso por: Romanyà-Valls – Verdaguer, 1 – 08786 Capellades (Barcelona)

Impreso en España – *Printed in Spain*

Para todas las relaciones que he estropeado.

(Las enumeraría, pero solo tengo una página para la dedicatoria).

Henry Thomas Buckle dijo una vez:

«Las grandes mentes hablan de ideas;
las mentes corrientes hablan de acontecimientos;
las mentes pequeñas hablan de personas».

Yo estoy aquí para hablar de personas.

ÍNDICE

PARTE 4

¿«NADIE ES UNA ISLA»?

INTRODUCCIÓN

Todavía no han disparado a nadie. Sí, lo sé, no son las palabras más tranquilizadoras que hayas escuchado nunca, pero desde mi punto de vista, son francamente optimistas.

Dos tipos intentaron robar en una tienda, pero el cajero activó la alarma silenciosa. Cuando la policía llegó, los malos hicieron una barricada y tomaron al cajero como rehén. La Unidad de Servicios de Emergencia —una forma elegante de decir SWAT— está ahora amontonada fuera. El Equipo de Negociación de Rehenes (ENR) de la Policía de Nueva York ha establecido contacto.

Oh, y el ENR tiene un invitado especial hoy. Ese soy yo. Hola. Durante la mayor parte de mi vida he tenido miedo a recibir correos electrónicos con el asunto del tipo: «Del Inspector Thompson, Policía de Nueva York», pero quería escribir un libro sobre el trato con la gente y esto parecía una forma divertida de aprender. Ahora estoy aquí. «Diversión» no es la primera palabra que me viene a la mente. Los equipos del SWAT se han movilizado, hay vidas en juego y desearía haber optado por pasar el fin de semana en algún seminario sobre las relaciones de la nueva era, en el que se apunte menos a la gente con armas. Yo hago todas mis escenas de riesgo, amigos. Los próximos cinco minutos van a ser los diez años más estresantes de mi vida.

Curiosamente, el tipo al otro lado del teléfono parece bastante agradable. Pero es demasiado pronto para estar tranquilo. La primera media hora de una negociación con rehenes es la más peligrosa. No hay comprensión, no hay conexión, no hay nada que actúe como amortiguador si las cosas se complican. Solo adrenalina y miedo.

Mientras el negociador empieza a hablar con él, repaso el procedimiento adecuado: actuar con calma. Utilizar la escucha activa. El tono de voz es importante. Recuerda que tus acciones son contagiosas. Pero lo más importante en este momento es: que sigan hablando. Porque si están hablando contigo, no están disparando a la gente. Desafortunadamente, ya no está hablando con nosotros. La línea se ha cortado. Las cosas no pueden empeorar más…

Así que, por supuesto, empeoran más. Él vuelve a llamar. Pero no es el mismo. Es otra persona. Alguien que está hablando rápidamente y maldiciendo sin parar. Ni siquiera puedo seguir todo lo que está diciendo. Capto referencias sobre ser un exalumno del sistema penal, y haber matado a dos personas hace años, junto con un amplio surtido de otros delitos.

«No te asustes», me digo, totalmente asustado. Al final de las películas siempre dicen: «Ningún animal resultó herido en la realización de esta película». Mi exención de responsabilidad tendría que decir: «Muy pocas personas resultaron heridas para escribir este libro».

El negociador responde al sospechoso: «Parece que estás frustrado». Sí, es un eufemismo épico, pero también es una técnica de escucha activa fundamental: etiquetar. Darle un nombre a la emoción del secuestrador. Las investigaciones neurocientíficas de Matthew Lieberman, de la UCLA, han demostrado que el etiquetado suaviza las emociones fuertes. También crea una conexión, ya que demuestra a la otra persona que se está en su misma onda.

«¡Claro que estoy frustrado! ¿¡Tienes a todo un equipo del SWAT ahí fuera!?

¡Mi sobrino está muerto de miedo!».

«¿Tu sobrino?». Imitación. Otro pilar de la escucha activa. En forma de pregunta, repites lo último que han dicho. Haz que sigan hablando. Y al mismo tiempo, estás obteniendo más información y construyendo una conexión.

«Sí, acabas de hablar con él… Mira, no puedo soportar estar fuera de la cárcel. Pero no quiero eso para él».

«Parece como si estuvieras preocupado. Por su futuro. Quieres que salga de allí sano y salvo». Más etiquetado. Más conexión. Y poco a poco lo vas llevando a la dirección que quieres que vaya.

Mientras siguen hablando, el tono cambia gradualmente. La hostilidad empieza a desvanecerse, y es casi como si estuvieran trabajando juntos para resolver este problema. No pasa mucho tiempo antes de que el sospechoso deje salir al cajero. Luego a su sobrino. Y poco después, se rinde.

El poder de la escucha activa en acción me golpea como un Frisbee en la cara. Me siento como si acabara de ver un truco de magia, pero en lugar de que el mago meta la mano en la chistera y saque un conejo, resulta que saca un Lexus. Este método no solo cambia los puntos de vista, sino que consigue que la gente deje las armas y acepte las penas de prisión. Estoy entusiasmado. Entusiasmado porque tengo la idea para mi próximo libro y entusiasmado porque no era yo quien estaba al teléfono.

El negociador se gira hacia mí: «Eric, te toca la parte del teléfono».

Oh, ¿olvidé mencionar que era un simulacro de entrenamiento? Vaya. (Por favor, no me llames «narrador sospechoso»; eso hará que mi madre piense que soy un autor que podría haber cometido un crimen). A pesar de ser una situación «falsa», hay una buena razón para que mi adrenalina se dispare. Las instalaciones de entrenamiento de la Policía de Nueva York son espectaculares. Tienen el tamaño de una terminal de aeropuerto y recuerdan a los estudios de Hollywood. Hay decorados realistas para las localizaciones más comunes de los incidentes con rehenes: el vestíbulo de un banco, una comisaría de policía, un escenario en el que alguien quiere saltar del tejado y una tienda de comestibles (con galletas Oreo y todo). Actores profesionales interpretan los papeles de los criminales y los rehenes. Se toman esto más en serio de lo que yo me he tomado nunca nada. Y con razón. (De hecho, a petición de la Policía de Nueva York, alteré algunos elementos del escenario para mantener la confidencialidad de sus protocolos de entrenamiento).

Tras una generosa dosis de terror simulado, no podía sentirme mejor. Subí a la cima de la montaña para aprender de los maestros zen del don de gentes, y alcancé la iluminación en lo que a las relaciones respecta. Todavía estoy en la gloria mientras salimos a tomar algo después del entrenamiento. Encontré la piedra angular de la comunicación humana: la escucha activa. Ahora sé qué es lo que todo el mundo necesita para mejorar sus relaciones en casa…

«Por cierto, esto no funciona en casa», dijo uno de los negociadores. ¿Eh? Creo que se me ha parado el corazón.

«Con el cónyuge. Estas técnicas no funcionan en casa con tu cónyuge». Otro negociador asiente con la cabeza y se ríe como si dijera: «Qué verdad». Se me desencaja la mandíbula. Y se me han quitado las ganas de vivir. ¿Así que este increíble sistema para tratar con la gente no funciona cuando tu mujer está enfadada o tu marido se comporta como un idiota? ¿Puede salvar una vida pero no un matrimonio? Quiero gritarles: ¿No os dais cuenta de que tengo que escribir un libro y necesito respuestas que me sirvan para hacer buenas citas?

Pero no lo hago. Respiro profundamente. Puede que no sepa mucho sobre cómo tratar con ladrones de bancos armados, pero sé bastante sobre psicología. Y casi todas las formas de terapia matrimonial recomiendan la escucha activa durante los conflictos. Vuelvo a mi hotel y lo compruebo de nuevo. Y estoy en lo cierto. Todo el mundo lo recomienda…

Simplemente, no funciona. Todos los terapeutas matrimoniales (y yo también) estamos equivocados. Los negociadores de situaciones con rehenes tienen razón. John Gottman, profesor emérito de Psicología de la Universidad de Washington, lo puso a prueba. La escucha activa suena muy bien. Y funciona bien en escenarios como la negociación con rehenes o la terapia, donde quien lo pone en práctica es un tercero y tiene cierta distancia con el problema. Pero las discusiones matrimoniales son diferentes: se trata de no sacarse los trapos sucios. Imitar, etiquetar y aceptar todas las emociones cuando te grita tu cónyuge es tan natural como decirle a alguien que no huya o que no devuelva los golpes cuando lo agreden físicamente. Gottman descubrió que la gente no podía hacerlo en el acaloramiento del momento. Y en los estudios posteriores, con las pocas parejas que realmente sabían escuchar activamente, solo mostraba beneficios a corto plazo. Las parejas recaían rápidamente.

En la negociación con rehenes, los beneficios a corto plazo están bien. ¿Funciona lo suficiente como para ponerle las esposas al tipo? Perfecto. Pero en un matrimonio que (es de esperar) durará más de pocas horas o días, es un desastre. Los terapeutas lo recomendaban, pero hasta que lo hizo Gottman, nadie lo había llegado a probar. Excepto los negociadores de rehenes. Tal vez por eso los estudios muestran que solo entre el 18 y el 25 % de las parejas informan de alguna mejoría un año después de la terapia matrimonial.

Nota para mí: algo diseñado para terroristas y personas con trastornos emocionales no es lo mejor para la familia. (Vale, quizá algo diseñado para terroristas y personas con trastornos emocionales sea perfecto para «tu» familia, pero prefiero no presuponer nada). Los humanos son complejos. Complejos como el ajedrez tridimensional. Y fue ingenuo por mi parte pensar que algo tan complejo tendría una llave maestra.

Lo que yo suponía acerca del trato con la gente era erróneo. Lo que todos los terapeutas matrimoniales creían era erróneo. Y mucho de lo que tú crees saber sobre las relaciones es erróneo. Tranquilo, no es culpa tuya. Llevamos toda la vida recibiendo información contradictoria:

- ¿«Por el traje se conoce al personaje»? Pero si a mí me dijeron: «no juzgues un libro por su portada».
- ¿«Dios los cría y ellos se juntan»? Espera, yo he oído que «los polos opuestos se atraen».
- Deberías «ser tú mismo». ¿O es «donde fueres haz lo que vieres»?

Por supuesto que estamos confundidos y creemos cosas absurdas. ¿Cómo no íbamos a hacerlo? Pero esto es algo de vital importancia. Y no lo digo como si fuera una de esas frases vacías de las galletas de la suerte. Considera lo siguiente: el Estudio Grant de la Harvard Medicine School ha estado siguiendo a un grupo de 268 hombres durante más de ochenta años. La cantidad de datos acumulados sobre ellos podría llenar habitaciones enteras, y de ello se derivan abundantes ideas sobre qué conduce a una vida larga y feliz. Sin embargo, cuando se le preguntó a George Vaillant, que dirigió el estudio durante gran parte de su vida, qué había aprendido tras décadas de estudio de estos hombres, respondió con una frase:

Que lo único que realmente importa en la vida son tus relaciones con los demás.

Parece absurdo que tanta investigación pueda reducirse a una sola frase. Pero es cierto. Pasamos mucho tiempo persiguiendo las cosas superficiales de la vida. Pero cuando ocurre una tragedia, o a última hora de la noche, cuando el cerebro se hace demasiadas preguntas, sabemos que lo más importante son las relaciones. ¿En quién puedo confiar? ¿Alguien me conoce realmente? ¿A alguien le importo de verdad? Si piensas en tus momentos más felices, seguro que habrá personas implicadas. Y en los momentos más dolorosos, también. Nuestras relaciones con los demás pueden llenar o destrozar nuestra vida.

Los humanos hemos estado tratando con humanos durante miles de años y todavía no sabemos hacerlo bien. ¿Cómo es que no tenemos buenas respuestas para estas cosas? Lo más importante de la vida se deja en manos del instinto, de lo que se oye por ahí, o del poco conocimiento que podemos obtener de forma lenta aprendiendo brutalmente a través del dolor y el rechazo. Algunos dirán que hay muchos textos sobre el tema, pero las palabras «libro sobre las relaciones» suelen murmurarse con la boca pequeña, y en el mismo tono que «publirreportaje». Sabemos muy bien que la mayoría de ellos son opiniones engañosas en el mejor de los casos, con un nivel de precisión científica de tipo cartas del tarot. Necesitamos respuestas reales.

Sigmund Freud dijo: «El amor y el trabajo son las piedras angulares de nuestra humanidad». Mi primer libro, *Barking up the wrong tree* (publicado por Empresa Activa con el título *Errando el tiro*), fue sobre el trabajo. Me dediqué a hacer de cazador de mitos poniendo a prueba las máximas del éxito con las que todos crecimos para ver si eran realmente ciertas. (Por suerte, ese libro fue un éxito de ventas, porque si escribes un libro sobre el éxito y no tiene éxito, bueno, no se me ocurre mayor prueba para demostrar que no sabes de qué demonios estás hablando). Y ahora, aquí, vamos a hablar de la primera mitad de la declaración de Freud. Las relaciones.

Este libro trata sobre con qué nos equivocamos cuando se trata de relaciones y de cómo podemos acertar un poco más. Vamos a poner a prueba, científicamente, esas máximas con las que crecimos para ver si se sostienen:

- ¿Se puede «juzgar un libro por su portada»? ¿O es algo que solo puede hacer Sherlock Holmes en televisión?
- ¿«En la necesidad se conoce la amistad»? ¿Y qué significa realmente esa frase?
- ¿Acaso «el amor lo puede todo»? ¿O las tasas de divorcio son tan elevadas por una razón depresivamente precisa?
- ¿Es cierto que «nadie es una isla»? (Yo siempre me he sentido más bien un archipiélago, sinceramente).

Aprovecharemos las mejores pruebas disponibles, sin tópicos ni pensamiento mágico. (No creo en lo de soplar los dados para tener suerte antes de tirar. Creo en contar las cartas). Y examinaremos las múltiples facetas del asunto antes de emitir un veredicto. Lo que encontraremos es sorprendente y antiintuitivo. Va a ser como sacudir el Telesketch de la sabiduría convencional. Vamos a romper los mitos, a conseguir las verdaderas respuestas, y luego a aprender cómo podemos utilizar esa información para vivir vidas llenas de amor, calidez y bondad, y todo ello sin estrangular a nadie en el proceso.

He pasado la última década estudiando la ciencia del comportamiento humano en mi blog, Barking Up the Wrong Tree. He obtenido un montón de títulos sofisticados, e incluso he sobrevivido al hecho de crecer en Nueva Jersey. Pero esas no son las razones por las que deberías confiar en mí para que sea tu Virgilio en este viaje por el infierno de las relaciones.

Me han llamado muchas cosas en esta vida, pero «persona sociable» no es una de ellas. La simpatía es uno de los cinco rasgos fundamentales que los psicólogos utilizan para evaluar la personalidad de alguien. En ese atributo obtuve un cuatro... sobre cien. ¡Uf! En cuanto a las relaciones, he conducido por la vida con el freno de mano puesto. Una de las razones por las que empecé a estudiar Psicología Social es que nunca he sido bueno en las relaciones con la gente y quería entender por qué. Así que este no es un libro del tipo: «Soy un gurú, haz lo que yo hago». Es un libro del tipo: «No tenía ni idea de lo que estaba haciendo, así que hablé con un montón de gente mucho más inteligente que tú y que yo para obtener información sólida». Por mucho que sientas que necesitas estas respuestas, o por mucho que hayas fracasado en las relaciones, hayas sido un solitario, un marginado, o simplemente alguien que no encaja en este mundo, estoy aquí contigo. Vamos a hacer este viaje juntos.

Veremos que el núcleo fundamental de las relaciones son las historias que nuestros cerebros tejen para crear identidad, voluntad y comunidad, y cómo esas historias no solo nos unen, sino que pueden separarnos si no tenemos cuidado.

Y luego te explicaré el sentido de la vida. En serio. (Que nunca se diga que Patricia Barker crio a un hijo sin ambición).

Las relaciones nos llevan a los lugares más altos y también a los más «madre-mía-nunca-imaginé-que-podían-existir-lugares-tan» bajos. Todos tememos ser vulnerables o sentirnos avergonzados. A veces nos preguntamos si estamos malditos o nos falta alguna pieza importante. No podemos detener las olas, pero podemos aprender a surfear. Tanto si eres bueno con la gente como si eres un introvertido con ansiedad, todos podemos construir mejores amistades, encontrar el amor, reavivarlo y acercarnos un poco más a los demás en esta época de soledad y creciente distancia emocional.

A menudo, una percepción inexacta de los demás es el inicio de nuestros problemas. Todos nos hemos quemado tratando de juzgar el carácter de otras personas. ¿Podemos aprender a evaluar a la gente con precisión? ¿Saber lo que hay en su mente, científicamente?

¿Detectar las mentiras? ¿A leer el lenguaje corporal? (¿Y abarcarlo todo en menos de sesenta páginas?).

En pocas palabras: ¿Podemos «juzgar un libro por su portada»? Empecemos por ahí...

PARTE 1

¿SE PUEDE «JUZGAR UN LIBRO POR SU PORTADA»?

Capítulo 1

Su hija de dieciocho años había desaparecido hacía una semana y la policía no tenía ningún indicio.

El 13 de febrero de 1917, Ruth, la hija de Henry Cruger, había ido a afilar sus patines y nunca regresó. A pesar de que las altas esferas les garantían que el caso era prioritario, la policía se había quedado sin pistas inmediatamente. Y por si eso no conllevara suficiente dolor, los periódicos estaban ávidos de sangre. ¿Una chica de una familia prominente y adinerada había desaparecido? Los medios de comunicación no podían parar.

Su mujer se lamentaba todas las noches. No es que él pudiera dormir tranquilamente. Pero Henry Cruger no era el tipo de hombre que se rinde. Era rico. Era poderoso. Y sabía que encontraría a su pequeña. Porque acababa de contratar al mejor detective que existía.

Este hombre no era un oficial de policía. El trabajo de este hombre había salvado recientemente a alguien de una sentencia de muerte. Este hombre era un maestro del disfraz. Era un exfiscal de distrito de los Estados Unidos. Y había hecho todo esto mientras se enfrentaba a la oposición y a los desafíos a los que ningún hombre en 1917 se enfrentó. Porque a principios del siglo xx, el mayor detective de los Estados Unidos no era ningún hombre.

Su nombre era Grace Humiston. Y no pasaría mucho tiempo antes de que los periódicos de Nueva York se refirieran a ella como «La Sra. Sherlock Holmes». Las comparaciones con ese personaje de ficción eran absolutamente acertadas, porque su vida parecía sacada de una novela policíaca. Grace solo vestía de negro. Aceptaba todos los casos sin cobrar. Como las facultades de Derecho de Harvard y Columbia aún no aceptaban mujeres, ella fue a la Universidad de Nueva York. Cuando se colegió en 1905, solo había mil abogadas en Estados Unidos.

Grace fundó su propio bufete, que representaba a los inmigrantes pobres, ayudándolos a luchar contra los jefes y los dueños de los tugurios que los explotaban. Recibía amenazas de muerte con la misma frecuencia con la que se recibe correo basura. Cuando los inmigrantes desesperados por trabajar empezaron a desaparecer en el Sur profundo, se infiltró allí y sacó a la luz una conspiración esclavista que condujo a un escándalo nacional. A los veintisiete años se convirtió en la primera mujer fiscal del distrito de Estados Unidos. No está mal para alguien que, siendo mujer, ni siquiera podía votar.

Pero con la investigación de Ruth Cruger, Grace tendría mucho trabajo. No solo el caso se había olvidado, sino también la historia. Los periódicos habían agotado sus escandalosas especulaciones y se habían centrado en la Primera Guerra Mundial, que hacía estragos en Europa. No tenía ninguna ayuda. Pero incluso Sherlock necesita un Watson.

Fue mientras trabajaba para el Departamento de Justicia cuando Grace conoció a «Kronnie». Julius J. Kron tenía fama de ser demasiado agresivo —y quizá demasiado honesto— para un trabajo gubernamental. Eso le venía muy bien a Grace. Había sido inspector de Pinkerton, tenía una profunda cicatriz en la cara, y nunca salía sin su revólver. Kronnie era bastante bueno asegurándose de que las amenazas de muerte que Grace recibía con frecuencia se quedaran en eso: meras amenazas. En cuanto al caso Cruger, Kronnie era padre de tres niñas. No necesitó que lo convencieran. Se pusieron a trabajar.

Los dos revisaron todos los hospitales y morgues de la ciudad, pero no encontraron nada. Lo único que se parecía remotamente a un sospechoso era Alfredo Cocchi. Era el dueño de la tienda donde Ruth había ido a afilar sus patines el día que desapareció. La policía lo interrogó, pero no descubrió nada. Lo habían eliminado de la lista de sospechosos. Dos veces, de hecho. Como inmigrante italiano reciente, Cocchi temía que una turba viniera a por él y lo obligaran a volver a su país de origen. No quedaba mucho por hacer. Pasaron cinco semanas sin siquiera una nueva pista.

Pero Grace no se rendía. Estaba convencida de que la policía había pasado algo por alto. Ella y Kronnie se separaron para rehacer toda la investigación. Kronnie hizo gala de sus habilidades de «persuasión» para averiguar más cosas sobre Cocchi, mientras que Grace revisó todas las pruebas que había sobre el caso hasta conocerlo al más mínimo detalle. Hablando con los lugareños, Kronnie descubrió que había más cosas sobre Cocchi de las que la policía había descubierto. Su tienda había sido un lugar de encuentro para apuestas y delincuentes. Y a Cocchi le gustaban las chicas. Mucho. Se las llevaba al sótano para beber después de las horas de trabajo. Se rumoreaba que organizaba «encuentros» entre mujeres jóvenes y sus clientes. Y había habido agresiones. Nadie dijo nada a la policía porque no querían mancillar la reputación de sus hijas.

Mientras tanto, Grace revisó los expedientes policiales y descubrió algo que nunca había aparecido en los periódicos: cuando Cocchi habló por primera vez con la policía, tenía arañazos profundos en la cara y en las manos. Eso fue la gota que colmó el vaso. Nunca había visto a Cocchi, pero Grace supo que era él. Tendría que entrar en ese sótano para demostrarlo.

Pero la Sra. Cocchi no lo aceptaba. Se había resistido a que se registrara la tienda desde que su marido huyó. Incluso amenazó a Kronnie con un martillo. Como la policía ya había registrado la tienda, no había forma de que Grace consiguiera una orden judicial, así que en su lugar consiguió las escrituras. A través de un intermediario, compró la tienda de la señora Cocchi. Y no había forma de impedir que la nueva propietaria revisara su propia bodega.

Grace, Kronnie y algunos trabajadores bajaron por los fríos y oscuros escalones. Para ser un taller, estaba inquietantemente vacío. Había una única pieza de mobiliario: el banco de trabajo de Cocchi. Los trabajadores lo apartaron. Debajo, las tablas del suelo habían sido arrancadas.

Incrustada en el hormigón había una puerta. Kronnie la abrió y miró hacia la oscuridad. Era como mirar dentro de un pozo de tinta. No había forma de ver lo que había allí abajo. No dudó ni un momento. Kronnie saltó a la oscuridad y aterrizó sobre… algo.

Un cuerpo. Uno tan descompuesto que era imposible de identificar. Los miembros atados. La cabeza hundida. Y entonces Grace los vio... un par de patines de hielo. Con sangre seca.

Ruth Cruger. Grace ni siquiera conoció a Cocchi, pero sabía que era él y lo demostró. Debió de usar una deducción al estilo de Sherlock Holmes, ¿verdad?

No es así. Según Brad Ricca, autor de *La Sra. Sherlock Holmes*, Grace se rio de la afirmación y respondió: «No, nunca he leído a Sherlock Holmes. De hecho, no creo en la deducción. El sentido común y la persistencia siempre resolverán un misterio. Nunca hacen falta melodramas, ni Dres. Watson, si te ciñes a un caso».

Así que la persona real más parecida a Sherlock Holmes no necesitó la habilidad de leer a las personas para resolver su caso más difícil. Ni siquiera llegó a ver al autor del crimen. ¿Acaso la capacidad de evaluar con precisión a las personas solo existe en la ficción?

No, pero antes de aprender a hacerlo bien, tenemos que descubrir el secreto de por qué lo hemos estado haciendo mal...

* * *

¿Quién tiene que analizar la personalidad de las personas con muy poca información cuando es muchísimo lo que está en juego? ¿Cuál es el modelo que hay que seguir para cambiar el comportamiento de las personas cuando no se cuenta con su cooperación y hay vidas en juego?

Yo diría que es necesario analizar a los asesinos en serie para crear un perfil. No se ha invertido nada de tiempo, energía o dinero en la creación de este sistema de análisis de la personalidad. La Unidad de Ciencias del Comportamiento del FBI ha estado trabajando en este tema desde su creación en 1972. Parece un buen punto de partida para aprender a juzgar un libro por su portada, ¿verdad? Solo hay un pequeño problema...

La elaboración de perfiles no funciona. Es una pseudociencia.

Probablemente tú mismo harías un trabajo igual de bueno, sin necesidad de ninguna formación. En 2002, el trabajo de tres investigadores, Kocsis, Hayes e Irwin, demostró que los estudiantes universitarios de Química elaboraban perfiles más válidos que los investigadores de homicidios con formación. ¡Ay! Un estudio de 2003 dio a un grupo de policías un perfil real hecho por profesionales, y a otro grupo un perfil falso de un delincuente ficticio. No, no fueron capaces de notar la diferencia. Y un metaanálisis de 2007 (una recopilación de todas las investigaciones hechas sobre un tema para poder obtener una visión global) concluyó que: «Los perfiladores no superan decisivamente a otros grupos a la hora de predecir las características de un delincuente desconocido».

El gobierno del Reino Unido analizó 184 delitos en los que se utilizó el procedimiento y determinó que el perfil era útil solo en el 2,7 % de las ocasiones. Tal vez te preguntes por qué un autor estadounidense cita estadísticas británicas. Pues porque el FBI se niega a proporcionar este tipo de datos. ¿Con qué frecuencia les funciona la elaboración de perfiles? No lo dicen.

A pesar de todo, la gente cree que la elaboración de perfiles es útil. De hecho, el 86 % de los psicólogos encuestados que intervienen en casos judiciales lo hacen. Vosotros seguramente pensabais que era útil hasta hace cinco minutos.

¿Cómo es posible que un sistema en el que se confía a tan alto nivel para algo tan grave como un asesinato sea casi inútil? ¿Cómo nos han engañado a todos? Resulta que no es una sorpresa tan grande como se podría pensar. Mucha gente se deja engañar por la astrología y los falsos psíquicos, ¿verdad?

Lo sé, probablemente estés pensando: «Eso es totalmente diferente». En realidad, no. Es lo mismo, exactamente lo mismo.

En psicología, esto se conoce como «el efecto Forer», o por su nombre más revelador, «el efecto Barnum». Sí, en honor a P. T. Barnum, el infame charlatán. En 1948, Bertram Forer, un profesor universitario, hizo un test de personalidad escrito a sus alumnos. Una semana más tarde, le dio a cada uno de ellos un perfil personalizado que describía su personalidad única basándose en los resultados. Forer les pidió que calificaran el perfil entre 0 y 5, siendo 5 el más preciso. La media de la clase fue de 4,3, y solo un estudiante le dio menos de un 4. Y entonces Forer les dijo la verdad... todos habían recibido exactamente el mismo perfil. Sin embargo, cada uno de ellos había mirado el expediente y había dicho: «Sí, eso es exclusivamente cierto para mí». ¿Sabes de dónde sacó Forer el perfil? De un libro de astrología.

Y el efecto Barnum se ha visto una y otra vez en distintos estudios. Es un error común que comete nuestro cerebro. El prestigioso psicólogo de Cornell, Thomas Gilovich, lo define así: «El efecto Barnum se refiere a la tendencia de las personas a aceptar como asombrosamente descriptiva de sí mismas la misma evaluación redactada de forma general, siempre que crean que ha sido escrita específicamente para ellas sobre la base de algún instrumento de «diagnóstico», como un horóscopo o un inventario de personalidad».

La cuestión clave aquí es lo que los estadísticos llaman «tasas base». En pocas palabras, las tasas base indican lo común que es algo en promedio. La tasa base de «haber hecho una llamada telefónica» es absurdamente alta. La tasa base de haber completado una caminata espacial para la NASA es extremadamente baja. Por lo tanto, saber que alguien ha hecho una llamada telefónica no es muy útil para reducir un grupo de personas, mientras que saber que alguien ha completado una caminata espacial podría permitirte evaluar a toda la población del planeta y reducirla a solo unas pocas personas.

Los perfiles policiales aprovechan (involuntariamente) afirmaciones con tasas base elevadas, al igual que el experimento de Forer. Si la mayoría de la gente quiere caer bien, decirle a alguien que quiere caer bien tiene una alta probabilidad de ser correcto, pero no es muy perspicaz. ¿Quieres hacer un perfil criminal que parezca legítimo? Toma algunos datos con tasas base elevadas (el 75 % de los asesinos en serie de Estados Unidos son caucásicos y el 90 % son hombres). Luego añade algunas cosas no verificables en las que no puedes equivocarte. («Tiene fantasías sexuales anormales, pero puede ser reacio a admitirlo»). Por último, añade algunas conjeturas al azar. («Todavía vive con su madre y siempre se viste de manera informal»). Si te equivocas en esas conjeturas, se pasarán por alto, pero si tienes suerte, parecerás un genio. Y un estudio de 2003 descubrió exactamente eso. Los investigadores crearon un perfil consistente en afirmaciones vagas para aprovechar deliberadamente el efecto Barnum. Los agentes de policía lo consideraron tan preciso como un perfil real.

Forer engañó a sus alumnos, y resulta que la elaboración de perfiles criminales nos ha engañado a todos. Cuando nos atribuyen alguna cualidad vaga con una tasa base elevada, eso transmite una historia interesante, y queremos que sea verdad. De hecho, buscamos pruebas para demostrar que es verdad. Y tenemos una tendencia profundamente sesgada hacia el recuerdo de las cosas que confirman nuestras creencias y hacia el olvido de las que no lo hacen.

La gente recurre a las bolas de cristal y a las cartas del tarot no en busca de respuestas concretas, sino de una historia que les dé una sensación de control sobre sus vidas. Los falsos psíquicos y los magos de escenario utilizan un sistema llamado «lectura en frío» que aprovecha el efecto Barnum y las tasas base para hacer creer que pueden leer la mente y predecir el futuro. Y nuestras mentes conspiran para que las historias que nos cuentan nos parezcan ciertas. El mentalista Stanley Jaks lo demostró leyendo la buenaventura de la gente y diciéndoles lo contrario de lo que les hubiera dicho una lectura de manos normal. ¿El resultado? No importaba. La gente se lo creyó igualmente.

Como explicaba Malcolm Gladwell en un artículo del *New Yorker* de 2007, eso es básicamente lo que es la elaboración de perfiles: una lectura en frío no intencionada. Laurence Alison, uno de los principales investigadores sobre la ineficacia de los perfiles, cita incluso un estudio sobre lecturas de parapsicólogos y las compara con la elaboración de perfiles: «Una vez que el cliente se compromete activamente a intentar dar sentido a la serie de afirmaciones, a veces contradictorias, que recibe del parapsicólogo, se convierte en un solucionador de problemas creativo que intenta encontrar coherencia y significado en el conjunto de dichas afirmaciones». No evaluamos objetivamente lo que oímos, sino que participamos activamente en el intento de hacer encajar las piezas del puzle. Racionalizamos. Explicamos. Aceptamos algo impreciso como «algo lo suficientemente cercano».

Tal vez pienses que cualquiera que crea en las cartas del tarot o en las bolas de cristal tiene un cociente intelectual de jugador de *hockey*, pero todos estamos afectados por este sesgo de un modo u otro. Hay una razón fundamental por la que los astrólogos superan en número a los astrónomos. Como explica Gilovich, los humanos son propensos a encontrar significado donde no lo hay. Emocionalmente, queremos tener una sensación de control sobre el mundo que nos rodea. Necesitamos desesperadamente que la realidad, al menos, parezca tener sentido. Y para ello nos hace falta una historia, aunque no sea cierta: «Oh, mi relación terminó porque Mercurio está retrógrado».

El verdadero reto al analizar a las personas a menudo no está en ellas, sino en nosotros. Sí, descifrar el comportamiento de los demás es difícil, pero el problema oculto, del que rara vez nos damos cuenta y nunca nos ocupamos, es que nuestro propio cerebro suele trabajar en nuestra contra. Creemos que el secreto para interpretar a la gente es conocer algún indicador mágico en el lenguaje corporal o en la detección de mentiras. Pero lo principal con lo que tenemos que luchar es con nuestros propios sesgos cognitivos. Eso es lo que realmente tenemos que superar...

Capítulo 2

En 1891, Wilhelm von Osten se dio cuenta de que su caballo, Hans, era un genio. Vale vale, no un genio tipo Albert Einstein, pero sí un genio dentro de los caballos. Hans se convertiría en uno de los caballos más famosos de todos los tiempos y sería responsable de un tremendo avance en la historia de la ciencia… pero, ejem, no de la manera que von Osten esperaba o deseaba.

Von Osten creía profundamente que la inteligencia de los animales estaba subestimada. Se lo tomaba tan en serio que empezó a enseñar Matemáticas a su caballo, Hans, utilizando terrones de azúcar y zanahorias como recompensa por las respuestas correctas. Lo hizo todos los días… durante los siguientes cuatro años, (y tú creyendo que tus vecinos son raros). Pero, ¿podría un caballo aprender realmente como una persona? ¿O era todo tan ridículo como parece?

Tras cuatro largos años de entrenamiento, von Osten realizó su primera exhibición pública de la habilidad de Hans. Una multitud se reunió frente al escenario. Von Osten se dirigió a Hans y le dijo: «¿Cuánto es dos más uno?». Hans dio tres pisotones. Sonrisas de diversión en toda la multitud. «¿Cuál es la raíz cuadrada de dieciséis?». Hans dio cuatro pisotones. Las sonrisas fueron sustituidas por expresiones de sorpresa. «¿Qué día del mes será este miércoles?» Hans dio nueve pisotones. El público no se lo podía creer.

Y luego hicieron fracciones. Hans dijo la hora. Contó el público. Incluso contó el número de miembros del público que llevaban gafas. Algunos estimaron más tarde que Hans tenía las habilidades matemáticas de un humano de catorce años. Y no se limitaba a responder a órdenes verbales. Von Osten escribió el número 3 en una pizarra, y pom-pom-pom fue su respuesta.

Al codificar el alfabeto con números (A = 1, B = 2, etc.), Hans era capaz de deletrear palabras y responder a preguntas. Podía identificar los colores, los naipes y las personas en la multitud. Si le ponían una canción, podía nombrar al compositor. Si le enseñaban un cuadro, nombraba al pintor. Hans no era perfecto, pero acertaba aproximadamente nueve de cada diez veces.

No tardó en correr la voz sobre el caballo apodado «Clever Hans» (Hans, el Inteligente). Von Osten lo llevó de gira, y pronto estuvo pisoteando para multitudes cada vez más grandes semana tras semana. Hans se convirtió en una sensación. Y la gente, más allá de las fronteras de Alemania, empezó a fijarse en él. Pero había escépticos, por supuesto. ¿Estaba von Osten dándole las respuestas? ¿Estaba todo amañado? Finalmente, Hans se hizo tan famoso que el gobierno intervino para poner a prueba al caballo milagroso.

En 1904, el Consejo de Educación de Alemania formó la Comisión Hans. Y, como informaría el *New York Times*, la comisión no encontró ningún fraude. Lo más convincente para todos fue que Hans mostraba sus sorprendentes habilidades cuando von Osten no estaba presente. Después de esto, la leyenda de Hans explotó. Algunos creían que el caballo podía leer la mente.

Pero no todos estaban tan convencidos. Oskar Pfungst, un joven científico y miembro de la Comisión Hans, quiso hacer más pruebas. Hizo una gama más amplia de preguntas y planteó muchas más variables que el estudio anterior. Hans seguía dando buenos resultados, pero Pfungst observó dos irregularidades que le despertaron la curiosidad.

En primer lugar, aunque la comisión había hecho un excelente trabajo para controlar las distracciones de Hans, nadie había tenido en cuenta a qué prestaba atención el caballo durante el estudio. Pfungst tomó nota de que Hans «nunca miraba a las personas u objetos que debía contar, ni las palabras que debía leer, y, sin embargo, daba las respuestas adecuadas».

En segundo lugar, nadie se centró nunca en las respuestas incorrectas que daba Hans. Sí, acertaba la gran mayoría de las veces, pero cuando se equivocaba, sus respuestas estaban tan fuera de lugar que se daba por hecho que no «había entendido» la pregunta. Sus respuestas no eran erróneas de forma correcta.

Así que Pfungst decidió probar algo nuevo: le puso a Hans unas anteojeras para que el caballo no pudiera ver a quien le preguntaba. Y, ¡zas!, por primera vez, Hans se puso agresivo. Se resistió con fuerza, tratando de ver al interrogador. Finalmente, consiguieron que completara la prueba con las anteojeras puestas. Su índice de precisión disminuyó del 89 % al 6 %.

Pfungst seguía confundido, pero sabía que se estaba acercando. Esta vez le quitó las anteojeras para que Hans pudiera ver a su interrogador, pero Pfungst se aseguró de que este no supiera la respuesta. De nuevo, el rendimiento de Hans fue terrible, pasando del 90 % a solo el 10 % de precisión. Si Hans no podía ver a quien le preguntaba o si este no sabía la respuesta, el cociente intelectual del caballo caía en picado.

Pfungst finalmente lo entendió. Hans no era un genio. Lo que Hans podía hacer era interpretar a la gente extremadamente bien. Las investigaciones demuestran que los caballos son capaces de detectar los movimientos de la cabeza de los seres humanos de hasta una quinta parte de milímetro. Suficientemente motivado por un sabroso terrón de azúcar, Hans captaba las señales inconscientes que hacían los encuestadores cuando realizaba el número correcto de pisadas. Hans era un caballo normal, motivado por la comida, que respondía a los estímulos. Cuando se asustaba, no daba un pisotón: «Vaya, qué sorpresa, ¿eh?». No, relinchaba y mordía a alguien cercano, como han hecho siempre los caballos. Después de que Pfungst publicara sus resultados, von Osten hizo lo más racional, objetivo y científico: se enfadó mucho, se negó a realizar más pruebas, cogió su caballo y se fue a casa.

Pero Hans tendría un enorme impacto no solo en la psicología, sino en la ciencia en general. Los libros de texto todavía se refieren al «efecto Clever Hans», que también se conoce como «efecto observador».

Si alguna vez has escuchado el término «estudio doble ciego», puedes agradecérselo a Hans. Él fue el artífice de su creación, que tuvo un profundo impacto en la forma de hacer investigación. Normalmente, en los estudios médicos se da a la mitad de los participantes el fármaco activo y a la otra mitad un placebo. Pero digamos que, como experimentador, sé cuál es el placebo, y cuando se lo doy a alguien hago una risita y pongo los ojos en blanco. Al igual que con Hans, el experimentador que conoce «la respuesta» puede informar consciente o inconscientemente al paciente y reducir la objetividad del experimento. Por ello, los estudios se realizan a «doble ciego»: ni el paciente ni el experimentador saben cuál es el placebo. Es como ponerle las anteojeras a Hans.

Hans no era un genio, pero sabía interpretar a la gente. Y si un caballo puede aprender a entender lo que hay en la mente de alguien, seguro que nosotros también podemos... ¿no?

* * *

¿Te gustaría poder leer la mente de los demás? ¿Saber lo que piensan y sienten los que te rodean? Por supuesto que sí. No estamos locos por querer esta capacidad. Las investigaciones demuestran que incluso una ligera ventaja en este sentido es bastante poderosa. La «percepción precisa de la persona» proporciona un montón de beneficios personales e interpersonales que te bailan la conga. Los estudios demuestran que los que los poseen son más felices, menos tímidos, tienen mejor don de gentes y relaciones más estrechas, consiguen mayores aumentos de sueldo y reciben mejores evaluaciones de rendimiento. Si nos fijamos más específicamente en quienes interpretan mejor el lenguaje corporal y la comunicación no verbal, observamos efectos positivos similares.

Caray. ¿Dónde hay que firmar? ¿Verdad? Solo hay un problema: en promedio, la gran mayoría de nosotros somos absolutamente nulos con estas habilidades. Insisto, lo hacemos cómicamente mal. El profesor de la Universidad de Chicago Nicholas Epley ha descubierto que, cuando tratas con extraños, solo detectas correctamente sus pensamientos y sentimientos el 20 % de las veces. (La precisión por azar es del 5 %). Por supuesto, eres mejor cuando tratas con gente que conoces... pero no mucho. Con los amigos íntimos alcanzas el 30 %, y las parejas casadas llegan al 35 %. Si estuviéramos en la escuela, eso sería un suspenso. En realidad, probablemente deberíamos llamarlo algo aún peor. Sea lo que sea lo que pienses que pasa por la cabeza de tu cónyuge, dos tercios de las veces te equivocas.

Pero aún hay algo más divertido: todos creemos que somos increíbles interpretando a los demás. De nuevo, ese cerebro impertinente que tenemos nos cuenta historias halagadoras. Si le pedimos a la gente que califique la autoestima de su pareja, aciertan el 44 % de las veces. Pero están seguros de sus conjeturas el 82 % de las veces. Y cuanto más tiempo llevan juntos, más aumenta su seguridad. ¿La exactitud? No, eso no mejora. Pero sí que aumenta la confianza.

¿Cómo podemos estar tan equivocados? ¿Y a la vez estar tan seguros de que acertamos? El término técnico es anclaje egocéntrico. Epley dice que estamos demasiado atrapados en nuestra propia perspectiva: «Multitud de encuestas revelan que la mayoría de la gente tiende a estar demasiado segura de que los demás piensan, creen y sienten como ellos». Al igual que con la elaboración de perfiles, estamos demasiado atrapados en nuestra propia cabeza e historia. Incluso cuando intentamos adoptar la perspectiva de los demás, los estudios muestran que nuestra precisión no mejora. Sí, se reduce el sesgo egocéntrico, pero lo sustituimos por algo que no es mejor. Cuando preguntamos a otros, nuestra precisión aumenta, pero no lo hacemos lo suficiente. Por lo general, nos limitamos a jugar en nuestra cabeza con nuestras propias historias y a sustituir las malas suposiciones por otras malas suposiciones diferentes.

Entonces, ¿quién es notablemente mejor en la lectura pasiva de los pensamientos y sentimientos de los demás? Si tuviera que dar una respuesta en una sola palabra, diría que nadie. Eso no es cierto, estrictamente hablando. Obviamente, algunas personas son algo mejores. Pero parece que hay un techo muy duro, y bastante bajo. Los problemas de salud mental pueden proporcionar superpoderes en una materia, pero a menudo se compensan con deficiencias en otra. Todos somos bastante malos en esto, aunque permanezcamos felizmente inconscientes de nuestra incapacidad.

Sé lo que algunos están pensando: «Eh, eh, eh. Las mujeres saben interpretar a las personas mejor que los hombres, ¿no?». Madre mía. Me toca meterme en un berenjenal. Dejando a un lado los intereses políticos y los debates de género, en el fondo de tu corazón, ¿crees que hay una diferencia entre hombres y mujeres a la hora de interpretar a la gente? ¿Y qué crees que dice un camión lleno de estudios científicos? (Redoble de tambores, por favor).

Sí, las mujeres son mejores. La superioridad femenina en la detección de la comunicación no verbal está bien documentada. Es solo un 2 % de ventaja, pero se mantiene en todas las edades, métodos de investigación y culturas. Dicho esto, no es algo uniforme. Las mujeres no son mejores que los hombres en la detección de mentiras. Las ventajas son más pronunciadas en la detección de expresiones faciales y en el reconocimiento de emociones.

Entonces, ¿por qué crees que las mujeres son mejores que los hombres en esto? Resulta que no es resultado directo de la biología. En realidad, se debe a una de las cosas que puede hacernos a todos mejores lectores de la mente: la motivación.

Cuando los estudios profundizan para buscar la causa subyacente, lo que muchos encuentran es que las mujeres, en promedio, están más motivadas para interpretar a la gente con precisión que los hombres. Simplemente, les interesa más y se esfuerzan más. Un estudio realizado en 2008 por Geoff Thomas y Gregory Maio pone de manifiesto esta cuestión. ¿Qué ocurre cuando los investigadores informan a los hombres de que ser empático hará que las mujeres se interesen más por ellos? Bingo. La motivación masculina aumentó, al igual que su capacidad para percibir con precisión sus pensamientos y sentimientos. Al igual que Hans, que quería esas zanahorias. Por supuesto, esto tiene su lado malo: cuando la motivación disminuye, también lo hace la precisión. Los maridos en matrimonios infelices pueden interpretar mejor el lenguaje no verbal de otras mujeres que el de sus esposas. ¡Uf!

Para los neurocientíficos, todo esto no es nada sorprendente. Saben lo perezosos que son nuestros cerebros la mayor parte del tiempo. La motivación es casi una panacea neurocientífica. Que algo nos importe hace que nuestro cerebro sea mejor en casi todo porque, en general, apenas prestamos atención a nada. Michael Esterman, profesor de la Universidad de Boston y cofundador de su Laboratorio de Atención y Aprendizaje, dice: «La ciencia demuestra que, cuando las personas están motivadas, ya sea intrínsecamente (les gusta algo), o extrínsecamente (van a obtener una recompensa), son más capaces de mantener una actividad cerebral constante y de estar preparadas para lo inesperado».

Cuando las personas juzgan a sus parejas románticas, la precisión aumenta. Y por la misma razón, cuando un estudio hizo que mujeres angustiosamente enamoradas escucharan a sus novios hablando con bellas investigadoras, ¿adivinas qué ocurrió? Sí, su capacidad para predecir correctamente sus respuestas a las preguntas aumentó. Pero cuando no hay nada que ganar o perder, nuestros cerebros se limitan a estar de brazos cruzados.

En este tipo de libro se supone que debo acuñar nombres ingeniosos para los conceptos, ¿no es así? Ya sabes, como «La regla de los cinco segundos» y todo eso. No quiero que la policía del género me persiga. Por lo tanto, llamo a esto «El axioma del cerebro perezoso™».

Así que el primer paso para ser mejor en la interpretación de la gente es ser curioso. Mejor aún es proporcionarse a uno mismo algún tipo de ganancia o pérdida externa que sea motivante.

El problema es que, aunque estemos suficientemente motivados, solo podemos mejorar nuestras habilidades hasta cierto punto. Por naturaleza, no somos tan buenos interpretando a la gente. La motivación mejora la precisión, pero solo con personas lo bastante expresivas y fáciles de interpretar. Si se trata de alguien que tiene una cara de póquer nivel «a tope de bótox», la motivación no ayudará mucho. Esto nos lleva a nuestra segunda gran idea: la capacidad para ser interpretado es más importante que la capacidad de interpretar. La capacidad de interpretación de las personas no es muy variable, pero la capacidad para ser interpretado sí lo es. La razón mayoritaria por la que somos capaces de interpretar a las personas no es que seamos hábiles, sino que ellas son expresivas.

Así que, en lo que respecta a la lectura de los pensamientos y sentimientos, si «juzgar un libro por su portada» significa solo evaluar pasivamente a las personas, entonces el mito ya está a punto de caerse. Le daremos una oportunidad a esa máxima y asumiremos que no es eso lo que significa. Pero parece que seguimos atascados. ¿Debemos aceptar que vamos a malinterpretar a los demás continuamente y que no hay mucho que podamos hacer al respecto? No. Para ser el primero de mi clase, puedo mejorar mis notas o hacer que los demás las empeoren. Vamos a centrarnos en lo segundo, como hice en la escuela. Así que a eso lo llamaremos «El teorema de Eric en el instituto™».

Dado que no podemos mejorar tanto nuestra capacidad de interpretar a las personas, tenemos que centrar nuestros esfuerzos en hacer más interpretables a los demás.

En lugar de analizar pasivamente, como hace Sherlock Holmes en televisión, tenemos que provocar activamente señales más fuertes para obtener reacciones más reveladoras. El primer método, y el más sencillo, es manipular el contexto. ¿Aprenderías más sobre alguien tomando una taza de té o jugando al fútbol con él? La primera opción podría conseguirte más información (si puedes confiar en lo que dice), pero la segunda te mostraría, orgánicamente, cómo toma decisiones y elabora estrategias, y si se salta las reglas o no. Cuanto más amplia sea la variedad de estímulos a los que se le exponga, más facetas quedarán claras sobre quién es. También es muy útil incluir a otras personas en la situación. La presencia de terceras personas puede mostrar partes distintas de un individuo. Si solo trataras con alguien en presencia de su jefe, ¿pensarías que estás viendo a la persona en su totalidad? Y no hables del tiempo. Las reacciones emocionales son más honestas, y los temas de conversación «seguros» convierten a las personas en políticos, lo cual transmite muy poco. Cuando los investigadores pidieron a las personas que tenían una primera cita que hablaran de enfermedades de transmisión sexual, del aborto y de otros temas tabú, no solo aprendieron más sobre el otro, sino que dijeron disfrutar de la conversación.

Y como ya hemos comentado, nuestro propio cerebro es a menudo el problema. Tenemos tendencia a prestar atención a las señales equivocadas. Lo que nos lleva al tema del lenguaje corporal. Y a todo el mundo le encanta el lenguaje corporal. Pero la literatura es clara: el valor de analizar conscientemente el lenguaje corporal está muy sobrevalorado. Hay una razón por la que nadie ha creado nunca una «Piedra de Rosetta del lenguaje corporal». Las señales no verbales son complejas, dependen del contexto y son idiosincrásicas. Nunca podemos estar seguros de qué es lo que está causando qué. Sí, está temblando, pero no puedes estar seguro de si es porque está nervioso o porque tiene frío. Y este concepto es fundamental: el lenguaje corporal es totalmente inútil sin un punto de referencia. Algunas personas se mueven continuamente, y eso no significa nada. Otras personas rara vez se mueven, y puede ser muy revelador. Pero si no conoces su comportamiento habitual, estás dejando que tu cerebro vuelva a hacer castillos en el aire.

A decir verdad, si quieres centrarte en algo, olvida el lenguaje corporal y céntrate en su discurso. Cuando podemos oír a alguien sin verlo, la capacidad de empatía solo disminuye un 4 %. Cuando podemos ver a alguien pero no oírlo, la disminución es de un enorme 54 %. Presta menos atención a si cruza o no las piernas y más a si cambia su tono de voz.

La ciencia dice que leer la mente de los que nos rodean no es algo en lo que seamos buenos por naturaleza, pero nos da algunos consejos para mejorar. ¿Pero qué pasa cuando conocemos a alguien?

¿Listo para saber cómo funcionan las primeras impresiones y de qué modo podemos mejorarlas? (Pisa fuerte una vez para decir que sí o dos veces para decir que no, Hans). Las primeras impresiones son una parte crítica para «juzgar un libro por su portada». Pero para llegar al problema central que tenemos con ellas, debemos coger un desvío que nos lleve por el mundo de la memoria...

Capítulo 3

«Tengo un problema de memoria», es lo que decía el correo electrónico. Y James dejó escapar un suspiro de cansancio. Todo el tiempo. Recibe estos correos electrónicos todo... el... tiempo.

James McGaugh es profesor de Neurociencia en la Universidad de California en Irvine y uno de los mayores expertos del mundo en memoria a largo plazo. Pero uno de los problemas de su posición es la gran cantidad de correos electrónicos que recibe de desconocidos que pierden las llaves una vez e inmediatamente creen que tienen alzhéimer. Así que respondió a este último correo de la misma manera que a todos los demás, remitiendo a la persona a una clínica donde le puedan hacer pruebas si realmente le preocupa que haya un problema.

Pero Jill Price le respondió enseguida diciendo que no, que lo necesitaba específicamente a él. James puso los ojos en blanco. Pero Jill dijo algo que le hizo detenerse, algo que nunca había oído antes. Jill repitió que tenía un problema de memoria...

Pero su problema era que nunca olvidaba. «Probablemente esté loca», pensó. Pero qué más daba. Así que cuando Jill llegó a su cita, James cogió un libro de la estantería. Era uno de esos libros de referencia que enumeran todos los grandes acontecimientos del último siglo. Consultó una página al azar y preguntó: «¿Qué día Rodney King fue golpeado por agentes de la policía de Los Ángeles?»

Jill no dudó. «El 3 de marzo de 1991. Era un domingo». Una tras otra, contestó de forma impecable. James estaba asombrado. Las respuestas salían de ella de la misma manera que responderías si te preguntara tu nombre. Nunca había visto algo así...

Pero entonces se equivocó en una. James se relajó; esto no era tan raro como parecía. «Lo siento, Jill, la crisis de los rehenes en Irán ocurrió el 5 de noviembre de 1979». Pero Jill negó con la cabeza. «No. Fue el día 4». Así que James consultó otra fuente.

Y Jill tenía razón. El libro estaba equivocado. James se daría cuenta de que Jill recordaba sin esfuerzo dónde estuvo, qué hizo, con quién estuvo y cómo se sintió durante casi todos los días de su vida adulta. Pero la memoria casi perfecta de Jill era solo autobiográfica. Solo recordaba lo que le ocurría directamente. No recordaba todo lo que leía o aprendía y, francamente, no le fue muy bien en la escuela. Pero como Jill era una adicta a las noticias, fue capaz de recordar los acontecimientos del libro de James.

Nunca había visto nada que se le pareciese. En 2006 publicó un artículo, «A Case of Unusual Autobiographical Remembering» (Un caso de memoria autobiográfica inusual), sobre su trabajo con Jill. En un principio, denominó a su condición «Hipertimesia», pero más tarde pasó a conocerse como HSAM (memoria autobiográfica altamente superior)

El estudio recibió una gran atención de los medios de comunicación. Millones de personas oyeron hablar de la HSAM, y miles de personas empezaron a ponerse en contacto con la UC Irvine diciendo que la tenían. James comenzó a hacerles pruebas, y se dio cuenta de que estaban equivocados, locos o mentían. Pero en tres casos no fue así. James estaba encantado. Ahora podría empezar a descubrir el misterio de la HSAM…

Sus recuerdos eran precisos, por término medio, un 87 en las afirmaciones que podían ser verificadas por terceros. Imagina que alguien te pide que recuerdes un día concreto de hace veinte años, y nueve de cada diez veces puedes decir lo que hiciste, con quién estabas e incluso cómo te sentías. James empezó a entender cómo funcionaba la HSAM, y se trataba de lo contrario de lo que esperaba: no eran buenos recordando. Eran malos olvidando. Nuestros recuerdos se desvanecen con el tiempo. Los suyos no. Todos los días permanecen tan claros como lo es ahora el día de ayer para ti.

Y descubrió el lado positivo agradable de tener una memoria increíble. La gente que tenía HSAM describían su forma de recordar como un «viaje». Revisitaban sus recuerdos perfectamente, como si vieran películas, o casi como si viajaran en el tiempo. El marido de Jill había fallecido. Pero no exageraba al decir que «nunca olvidaría ningún momento que hubiera pasado con él». Bastante envidiable, ¿verdad? O quizá no...

Cuando se le preguntó, James dijo que no querría un recuerdo como ese. ¿Cómo? Verás, querido lector, cuando Jill envió ese primer correo electrónico a James, no estaba contactando con él para hablarle de su «don», sino de su maldición. Quería una cura. Quería que se acabara.

Durante décadas, la memoria perfecta de Jill la ha atormentado. Es como un demoníaco motor de búsqueda involuntario, que la inunda de resultados. Si escucha una fecha mencionada en la televisión, ¡bum!, allí está.. Un torrente de recuerdos que no puede detener. Rupturas. Malas decisiones. Arrepentimiento en todas sus facetas. A lo largo de una vida hay muchas muchas cosas que es bueno olvidar.

Nuestro cerebro tiene sesgos. Y a veces son para nuestro propio bien. Muchos suponen que la memoria funciona como una cámara de vídeo perfecta, pero la verdad es que los recuerdos se deforman con el tiempo. Olvidamos detalles, reconstruimos cosas o cambiamos la narración para ser el héroe honroso o la víctima inocente. Olvidamos lo malo y recordamos lo bueno. Esto nos ayuda a sanar y a dejar las cosas atrás. Pero Jill no puede «darles un nuevo giro». Su mente es esa cámara de vídeo perfecta. No puede racionalizar, olvidar los detalles o dejar la culpa atrás.

Y eso no parece ser la peor maldición de la HSAM. ¿Qué ocurre cuando alguien con una memoria perfecta tiene que lidiar con personas que no tienen una memoria perfecta? Hay una máxima diferente para eso: «A nadie le gusta un sabelotodo». ¿Has tenido alguna vez un compañero que nunca deja pasar un agravio, cuyo recuerdo de tus fallos está siempre presente? Multiplica eso por mil millones.

Lo raro, lógicamente, es que la persona con HSAM está en lo correcto. Es probable que ella tenga razón y tú estés equivocado. Pero las relaciones humanas no funcionan así. Nadie quiere estar siempre equivocado, especialmente si lo está. Naturalmente, esperamos reciprocidad, compartir la culpa, cierto equilibrio, aunque, en sentido estricto, no lo merezcamos. «Tienes razón la mayor parte del tiempo, así que ahora me toca a mí» no tiene sentido racional cuando tenemos los datos concretos. Los recuerdos perfectos no son democráticos. Pero las relaciones sí lo son. Durante una entrevista en el programa *60 Minutes*, una persona con HSAM dijo: «Perdonar y olvidar... bueno, una de las dos no es mala».

Ese episodio presentaba a un grupo de adultos con la enfermedad. Todos eran solteros, y ninguno de ellos tenía hijos excepto uno. Sí, Marilu Henner estaba casada. Tres veces, de hecho. Bill Brown, paciente de HSAM, dijo que de las cincuenta y cinco personas que conocía con la enfermedad, solo dos habían logrado que su matrimonio funcionara. Y todos y cada uno de ellos con los que ha hablado, han tenido que luchar contra la depresión.

No me equivocaré si digo que no tienes HSAM. A día de hoy, se ha confirmado que menos de un centenar de personas tienen HSAM. (Y si lo tuvieras, recordarías perfectamente el día en que te diagnosticaron). Pero cabe decir que todos tenemos HSAM, en cierto grado. Veamos cómo el arma de doble filo de la HSAM es, en realidad, el secreto para entender el arma de doble filo de las primeras impresiones...

* * *

Todo el mundo te dice que la primera impresión es lo que cuenta. ¿Y sabes qué? Tienen razón. Numerosos estudios demuestran que las primeras impresiones tienen un gran impacto, no solo durante ese encuentro inicial, sino mucho después. Las primeras impresiones son tan poderosas que los juicios instantáneos predicen sistemáticamente las elecciones. Alex Todorov, profesor de Princeton y experto en psicología facial, afirma que la mera pregunta «¿Qué candidato parece más competente?» permite saber el ganador en las carreras políticas el 70 % de las veces, un efecto que se ha reproducido en todo el mundo. Y existe una sólida correlación entre las impresiones de los entrevistadores sobre los candidatos antes y después de la entrevista, lo que indica que el contacto inicial con el entrevistador puede ser el factor más importante para conseguir ese nuevo trabajo.

La máxima es «no juzgues un libro por su portada», y, sea cierto o no, hay una buena razón por la que nos dan ese consejo: porque sí juzgamos un libro por su portada. Inmediata e instintivamente. No podemos evitarlo. Y esa portada suele ser la cara de alguien. En menos de un segundo decidimos la asertividad, la belleza, la competencia, la simpatía y la fiabilidad de alguien. Y, al igual que la lectura de la mente, tener más tiempo no cambia notablemente nuestras opiniones, sino que aumenta nuestra confianza.

Lo más interesante es que estos juicios no solo son inmediatos, sino que también se comparten. Si yo veo una cara como digna de confianza, dominante o competente, muy probablemente tú la verás de la misma manera. Fundamentalmente, estas decisiones no son racionales. No hay tiempo para pensarlas. Suelen basarse en creencias compartidas y, en menor medida, en nuestras experiencias personales con los demás.

¿Y sabes qué es lo mejor? Nuestras primeras impresiones suelen ser sorprendentemente acertadas. La gente no solo suele coincidir en las primeras impresiones, sino que también son increíblemente predictivas. Basta con ver a alguien sonreír por primera vez para que, en dos tercios de los casos, hagamos predicciones precisas sobre nueve de cada diez rasgos fundamentales de la personalidad, desde la extroversión hasta la autoestima y las preferencias políticas.

Tú también eres bueno determinando instintivamente la competencia de alguien tras un breve encuentro. Cuando la gente ve treinta segundos de un vídeo silenciado de un profesor en clase, es capaz de predecir las evaluaciones de los alumnos. Si lo observa durante cinco minutos, la precisión puede llegar hasta el 70 %. Nuestra capacidad para intuir cómo es una persona a partir de pequeños fragmentos de su comportamiento es muy poderosa en una serie de aspectos, y proporciona niveles de precisión superiores a si estuviera hecho al azar para determinar si alguien es inteligente, rico, altruista o un psicópata. De nuevo, estas impresiones no son racionales. Eso significa que eres más preciso cuanto menos piensas.

Algunas personas podrían decir: «Gracias a Dios. Podemos confiar en nuestro instinto. ¡Uf!». No os precipitéis. Todavía estamos hablando de seres humanos. Nada va a ser tan sencillo. Sí, nuestros instintos son buenos. Buenos hasta el 70 % de exactitud. ¿Estarías satisfecho si las notas que tu hijo trajera a casa estuvieran todas por debajo del notable? No lo creo.

Y, como era de esperar, una buena parte de esta inexactitud se debe a los prejuicios de tu cerebro. No estamos hablando necesariamente de prejuicios de raza o género, sino de prejuicios cognitivos fundamentales que están conectados a nuestra materia gris. A menudo se trata de atajos. La evolución ha mejorado nuestros cerebros dando más importancia a la rapidez o la eficiencia antes que a la precisión.

Y por eso la gente con cara aniñada se sale con la suya. No estoy siendo metafórico. Los estudios demuestran que las personas con cara aniñada tienen más probabilidades de ganar los casos legales en los que se les acusa de hacer daño deliberadamente, pero es más probable que pierdan cuando la acusación es de negligencia. ¿Por qué? Nos parece normal que los niños cometan errores, pero nos cuesta creer que sean malos. Nuestro cerebro extiende esto a los adultos con cara aniñada en un proceso conocido como «generalización indebida». ¿Pero las personas con cara aniñada son más inocentes? No. Los jóvenes con cara aniñada «mostraron más negatividad en la infancia y la pubertad, eran más belicosos y mentirosos en la pubertad, y más asertivos y hostiles en la adolescencia, todo lo cual contradice las impresiones que tenemos de los individuos con cara aniñada».

Eso sí, si crees que puedes superar estos prejuicios con un esfuerzo consciente, probablemente te equivoques. Numerosos estudios han demostrado que tenemos un sesgo para no darnos cuenta de nuestros sesgos. Incluso si los explicas y los remarcas (como estoy haciendo ahora), la gente los verá más a menudo en los demás, pero se convencerá de que ellos mismos son objetivos. Y la cosa se complica aún más: algunos prejuicios ayudan. Por poco que un sesgo sea preciso, los estudios muestran lo que lógicamente cabría esperar: eliminarlo hace que las predicciones sean menos precisas. Caray.

Somos propensos a tropecientos sesgos cognitivos, y no hay forma de abordarlos todos brevemente. Pero cuando se trata de las primeras impresiones, la principal batalla es con el «sesgo de confirmación». Tendemos a buscar y a favorecer ideas coherentes con las creencias que ya tenemos. No probamos las teorías; buscamos información que refuerce la posición que ya teníamos.

Si te fijas, puedes notar que los demás (y tú mismo) incurrís sutilmente en el sesgo de confirmación continuamente. Nuestro nivel de exigencia disminuye en cuanto a lo que es necesario para demostrar nuestras teorías, pero aumenta en cuanto a la cantidad de pruebas necesarias para refutarlas. («¿Cuatrocientos estudios dicen que estoy equivocado? Bueno, deberíamos seguir buscando...». «¿Un estudio dice que estoy en lo cierto? Parece que tenemos nuestra respuesta»). Es como lo que vimos con la lectura del parapsicólogo: recordamos los aciertos y olvidamos los fallos. Y esto lo hacemos todos. Sí, incluso tú. Nadie cree que él mismo sea el problema, y ese es el problema.

Como dice el investigador Nicholas Epley, «tu sexto sentido funciona rápidamente y no es propenso a autocuestionarse». Una vez que tenemos una historia en la cabeza sobre quién es alguien, nos resulta muy difícil. Y esto nos lleva a nuestra principal idea sobre el arma de doble filo de las primeras impresiones. La llamaremos «La paradoja de las primeras impresiones™».

Las primeras impresiones suelen ser acertadas. Pero una vez se han establecido, son extremadamente difíciles de cambiar.

Cuando se trata de primeras impresiones, es como si tuviéramos HSAM: no alteramos nuestra memoria. Estamos casi encerrados en nuestros juicios anteriores. Y esto puede afectar dramáticamente a nuestras relaciones. A menudo pensamos en los peligros de estereotipar a los grupos, pero hacemos lo mismo con los individuos. Si la cara de alguien no parece de fiar cuando lo conoces, te muestras menos amable de lo normal. Como estás distante con él, él está distante contigo. Esta respuesta razonable por su parte desencadena tu sesgo de confirmación. («¿Ves? ¡Sabía que no era buena persona!»). Ahora ambos desconfiáis del otro. Y esa es la explicación más científica que obtendrás de lo que significa que dos personas «no congenien».

Algunos dirán que actualizan sus primeras impresiones, y ciertamente, a veces eso ocurre. Pero hay otro efecto siniestro que se esconde bajo la superficie. Incluso cuando se nos presenta información nueva e incontrovertible sobre alguien, nuestras impresiones explícitas pueden cambiar, pero nuestras impresiones implícitas no lo hacen. En otras palabras, tu perspectiva racional y basada en la evidencia puede cambiar, pero tus sentimientos sobre la persona siguen siendo exactamente los mismos. Las primeras impresiones son pegajosas, incluso cuando creemos que se han superado.

Nunca nos desharemos totalmente de esto, pero podemos mejorar con esfuerzo. En primer lugar, debemos tener en cuenta los mismos principios que aprendimos con la interpretación de pensamientos y sentimientos. La motivación es fundamental, y si nos centramos en hacer que los demás sean más expresivos, conseguiremos mayores resultados que si tratamos de mejorar nuestra capacidad de interpretación.

Pero lo más importante es resistirse a quedar bloqueado en el temido agujero negro del sesgo de confirmación. Nuestro cerebro empieza a generar teorías e historias sobre alguien en cuestión de milisegundos. No pasa nada (y es imposible detenerlo), pero tenemos que mantener la mente abierta. Queremos adoptar un enfoque científico con la comprobación de hipótesis en lugar de aceptar ciegamente la primera impresión que tengamos.

Entonces, ¿cómo resistirnos al sesgo de confirmación? Hay tres pasos clave:

1. SENTIRSE RESPONSABLE

Si tu opinión sobre alguien pudiera llevarle a la pena de muerte, irías más despacio y serías más minucioso. Querrías volver a comprobar que estás en lo cierto antes de que el hormigón se seque definitivamente y no haya marcha atrás. Los trabajos del psicólogo Arie Kruglanski demuestran que, cuando ponemos un listón muy alto a nuestra responsabilidad, nuestras opiniones no se vuelven inflexibles hasta que hayamos revisado a fondo las pruebas. Una forma divertida de hacerlo es convertirlo en un juego. Esfuérzate por ser más preciso y siéntete responsable de lo que piensas.

2. PONER DISTANCIA ANTES DE DECIDIR

En el magnífico libro *Mastermind*, Maria Konnikova se adentra en las investigaciones del psicólogo de la Universidad de Nueva York Yaacov Trope y demuestra que tomar distancia nos ayuda a ser más racionales y objetivos: «Los adultos a los que se les dice que den un paso atrás y se imaginen la situación desde una perspectiva más general, hacen mejores juicios y evaluaciones, se autoevalúan mejor y tienen una menor reactividad emocional». Estas son exactamente las habilidades que necesitamos para evaluar a los nuevos conocidos con más precisión y resistir el impulso de nuestro cerebro de seguir inmediatamente con nuestra primera impresión.

3. CONSIDERAR LO CONTRARIO

Como nuestro cerebro tiende a recordar los aciertos y a olvidar los fallos, debemos obligarnos a considerar esos fallos si queremos mejorar. Paul Nurse lleva esta actitud al extremo: «Si tengo una idea y dispongo de observaciones que la apoyan, en lugar de darla por buena, doy vueltas y la examino de diferentes maneras y trato de destruirla. Y solo si sobrevive a eso empiezo a hablar de ella». Y quizá por eso ganó el Premio Nobel de Medicina.

A largo plazo, también puedes mejorar conociendo mejor tus sesgos personales. ¿Qué errores cometes habitualmente? ¿Juzgar a la gente demasiado rápido es algo que te pega o no? ¿Confías demasiado o demasiado poco? Ajustar tus prejuicios habituales es una buena forma de mejorar.

Finalmente, hemos conseguido dos moralejas muy humanas de nuestra pequeña exploración del sesgo de confirmación. En primer lugar, haz caso de ese consejo que has recibido tantas veces: da una buena primera impresión. Ahora ya sabes lo importante que es. Asegúrate de mostrar el lado de tu personalidad en el que quieres que se fijen, porque lo harán. (Sin embargo, si eres un imbécil y me estás conociendo por primera vez, por favor, sé un imbécil. Me ayudará enormemente. Gracias).

La otra cosa que hay que recordar: dale una segunda oportunidad a la gente. Sin las estrategias anteriores, solo acertarás el 70 % de las veces, como máximo. Te equivocarás con al menos tres de cada diez personas que conozcas. Pero la cosa se puede poner peor, como señala Gilovich, de Cornell. Digamos que conoces a alguien que es una buena persona, pero que tiene un mal día. Te dará una mala primera impresión. ¿Qué haces? Evitándolo, le das menos oportunidades para demostrar que estás equivocado. Pero si alguien te causa una buena primera impresión (sea o no correcta), intentas pasar más tiempo con él. Esto te da la oportunidad de evaluarlo más a fondo. El resultado es que tus juicios negativos sobre las personas serán menos fiables que tus juicios positivos. Las investigaciones también demuestran que tenemos un listón más alto para calificar a alguien positivamente que negativamente, y que nuestras impresiones positivas son más fáciles de revertir que las negativas. No hay recursos de apelación cuando se evita a alguien para el resto de la vida.

Así que tu intuición para las primeras impresiones acaba de mejorar. Pero en general, interpretar a alguien como quien lee un libro sigue siendo un terreno inestable, y nosotros sabemos que interpretar pasivamente a alguien, como hace Sherlock Holmes, está bastante descartado. ¿Hay algún otro consejo que la investigación nos enseñe a utilizar para obtener mejores resultados? Bueno, siempre que intentemos aprender sobre alguien, existe la posibilidad de que esa persona nos engañe. Así que, ¿cómo lidiamos con los mentirosos?

Capítulo 4

A pesar de haber jugado al fútbol profesional durante más de veinte años, Carlos Kaiser nunca marcó un solo gol. De hecho, durante esas dos décadas solo participó en treinta partidos. Carlos Kaiser no era muy buen jugador de fútbol. Pero eso no era un problema. Porque Carlos Kaiser era un excelente mentiroso.

Jugó en algunos de los mejores equipos del mundo, como el Botafogo y el Fluminense. Ganaba mucho dinero, salía de fiesta con los famosos y estaba rodeado de mujeres hermosas. Lo que no hacía era jugar al fútbol. Su apodo entre los demás jugadores era «171». ¿Por qué? Porque ese es el número del artículo del código penal de los estafadores y así los llaman en las cárceles brasileñas.

Nació como Carlos Henrique Raposo en Brasil, el 2 de abril de 1963. Era pobre, pero tenía grandes sueños. Como dijo en una entrevista: «Sabía que la mejor manera de conseguirlo era a través del fútbol. Quería ser un jugador de fútbol sin tener que jugar». La verdad es que no se le daba mal el deporte. A los diez años consiguió un agente y a los dieciséis fichó por el Puebla, un equipo puntero de México. Solo había un problema: «No quería jugar». La mayoría de los jugadores jóvenes estaban ansiosos por salir a la cancha y demostrar que tenían madera. Kaiser era todo lo contrario, hacía lo que fuera para evitar el balón.

¿Pero cómo se mantiene esto durante dos décadas? Kaiser desarrolló un sistema. Primero, hacerse amigo de los mejores jugadores. Puede que a Kaiser no le gustara jugar al fútbol, pero le encantaban los clubes nocturnos. Y tenía contactos en todos los lugares de moda de Brasil. Conocer a Kaiser significaba un estatus vip, bebidas gratis y chicas guapas para las estrellas del fútbol.

A continuación, conseguir que respondiesen por él. Su currículum futbolístico no era estelar, pero demostró que tenía algo de talento. Así que, a instancia suya, las estrellas del equipo insistieron a su entrenador y, en poco tiempo, Kaiser consiguió un contrato de «prueba» a corto plazo. Eso era todo lo que necesitaba. El caballo de Troya estaba ahora dentro de las murallas de la ciudad.

Siendo oficialmente jugador, Kaiser diría que necesitaba tiempo para volver a estar en forma. Así conseguiría unos meses en los que podría ganar dinero y divertirse sin la presión de hacer eso que odiaba, jugar al fútbol. Pero al final, tenía que tocar el balón. Salía con confianza al entrenamiento, se preparaba para dar una gran patada e inmediatamente se desplomaba, gimiendo de dolor y agarrándose el muslo. Nadie sabía fingir una lesión como Kaiser. Hacía actuaciones dignas de un Óscar. Y en la época anterior a las resonancias magnéticas, los entrenadores tenían que confiar en su palabra, ya que todos los jugadores estrella del equipo se ponían de su parte. Y así cobraría los cheques durante unos meses más. Mientras tanto, Kaiser estaba viviendo la vida. De fiesta en fiesta sin parar. (Curiosamente, sus lesiones nunca parecían afectar a su capacidad para bailar). Los otros jugadores sabían que era un estafador. Sabían que no podía jugar a su nivel. Pero lo querían. Era encantador. Se aseguraba de que siempre se divirtieran. (Y no estaba de más que siempre pareciera ser capaz de presentarles a las chicas más guapas de cada ciudad que visitaban). Así que, cuando los entrenadores comenzaron a sospechar de las lesiones perpetuas de Kaiser, las estrellas del equipo se apresuraron a salir en su defensa. Por supuesto, no podía hacer esto para siempre. Lo cual no era un problema. Simplemente, se iba a otro equipo. En la época anterior a Internet no era fácil obtener estadísticas sobre un jugador. Los partidos de un país rara vez se televisaban en otros países. Gran parte de los fichajes de futbolistas funcionaba con el boca a boca. Y con sus maneras de complacer a los compañeros de equipo, no era difícil conseguir que las estrellas respondieran por él en otro club. Pronto conseguía un contrato de prueba, y repetía todo el ciclo...

Eso no quiere decir que mantener su estafa fuera fácil. A lo largo de veinte años, estuvieron a punto de pescarlo en muchas ocasiones.

Una vez, cuando ya había agotado el chanchullo de las lesiones, el equipo tenía previsto realizar su primera sesión de entrenamiento en público. Con todos los miembros más queridos del equipo cantando sus alabanzas, los aficionados estaban ansiosos por ver lo que podía hacer en el campo. Y esto era una auténtica pesadilla para Kaiser. Así que, cuando todos los ojos se posaron en él, empezó a patear balones de fútbol a las gradas. Los aficionados se volvieron locos, intentando agarrarlos. Pero Kaiser no se detuvo. Chutó todos los balones del equipo a las gradas. No tenían nada con lo que entrenar. El equipo se limitó a correr y a hacer ejercicios de calistenia, nada que pudiera exponer al farsante.

Y no solo utilizó a sus compañeros de equipo en su beneficio, se aprovechó de todos los que pudo. Se mostró encantador con los periodistas y se aseguró de que obtuvieran las entrevistas con las estrellas que tanto necesitaban. Así, un jugador que nunca jugaba acabó recibiendo una cantidad sorprendente de cobertura mediática, y casi siempre era positiva. Cuando el equipo hacía partidos publicitarios con ligas juveniles, les daba dinero para que fueran muy agresivos y así poder fingir otra lesión. Cuando el propietario lo visitaba, sobornaba a los espectadores para que gritaran su nombre. Así, una vez tras otra, hasta que llegaba el momento de pasar a un nuevo club...

Mantuvo esta estafa durante más de veinte años, jugando, de media, poco más de un partido al año. Las mentiras nunca cesaron. Su abuela murió al menos cuatro veces. Presentó un informe de un dentista diciendo que sus dientes le habían causado una lesión en la pierna. Kaiser bromeó: «Todos los equipos a los que me uní lo celebraron dos veces: cuando me ficharon y cuando me fui».

Hasta que un día nuestro charlatán se enfrentó al mayor reto de su supuesta carrera. Había fichado por el club de fútbol brasileño Bangu y, al típico estilo de Kaiser, ya tenía a la prensa delirando sobre su capacidad goleadora a pesar de que nunca había marcado un gol. En ningún partido. Jamás. Los titulares decían: «El Bangu tiene a su rey». Y, como era de suponer de Kaiser, mostraba ese periódico a todo el que quisiera escucharlo. Los aficionados se morían por verlo en el campo. Desgraciadamente, también lo estaba el dueño del equipo.

Castor de Andrade no era el típico propietario de un club de fútbol. No era un titán de los negocios que se había comprado un equipo como trofeo. Castor era un mafioso, al que a menudo se referían como «el hombre más peligroso de Brasil». No es inaudito que los propietarios de equipos se enzarcen en acaloradas disputas con los árbitros, pero Castor lo hacía con una pistola a la vista en su bolsillo trasero.

Un compañero de equipo le mencionó a Kaiser que, a pesar de estar «lesionado», aparecía en la lista de convocados para el gran partido del día siguiente. Esto, combinado con el hecho de que eran las cuatro de la mañana y Kaiser seguía de fiesta en un club nocturno, lo asustó mucho. Al día siguiente, el entrenador le dijo que no se preocupara, que no harían jugar a nadie con una lesión. Pero a medida que avanzaba el partido, estaba claro que tenían problemas. Con un 2-0 en contra, el propio Castor insistía en que su nueva estrella saliera al campo con esa mágica capacidad goleadora de la que tanto hablaban los periódicos.

Por primera vez en muchos años, Kaiser no tenía miedo de que lo descubrieran... Tenía miedo de ser asesinado. Kaiser salió al campo temblando. El temor se agravó cuando los hinchas contrarios lo insultaron desde las gradas. Pero entonces tuvo una idea...

Les devolvió los insultos. Kaiser saltó hacia la multitud, diciéndoles palabrotas que mi editor probablemente ya ha eliminado de este libro. En respuesta, el árbitro le sacó tarjeta roja y expulsó a Kaiser del partido. De vuelta al vestuario, sus compañeros se rieron de que no hubiera tenido que jugar, pero eso no iba a detener a Castor. Las artimañas de Kaiser finalmente le pasarían factura. Y cuando de Andrade entró en la sala, todo quedó en silencio. El propietario del club estaba enfurecido. Pero antes de que pudiera decir una palabra, Kaiser lo cortó. Dijo que Dios se llevó a sus padres cuando él era un niño, pero Dios tuvo la amabilidad de darle un nuevo padre: Castor. Los hinchas del otro equipo habían estado llamando a su nuevo padre ladrón y sinvergüenza. Kaiser dijo que no podía quedarse de brazos cruzados, así que no se contuvo con ellos. Tenía que defender el honor de su nuevo padre. Y la respuesta de Castor al escuchar esta historia fue igual de rápida...

Dobló el sueldo de Kaiser y prolongó su contrato seis meses más. Ahora te estoy contando esta historia, así que obviamente se corrió la voz de que Kaiser era un estafador. ¿Se avergonzó? ¿Lo demandaron? ¿Se lo marginó? ¿Fue castigado de alguna manera? No. Se hizo más famoso que nunca. A diferencia de muchas estrellas legítimas del fútbol de esa época, que hace tiempo que han sido olvidadas, su historia de manipulación y engaño se sigue contando de forma habitual. Es más famoso como mentiroso de lo que nunca fue como jugador.

¿Hay alguna forma de sacar la verdad de algunas personas?

* * *

Cuando se les pidió que clasificaran una lista de 555 rasgos de personalidad, los estudiantes universitarios pusieron «ser un mentiroso» en último lugar. Lo cual es curioso porque el estudiante universitario medio miente en un tercio de sus conversaciones. En el caso de los adultos, es en una de cada cinco. No hablemos de las citas en línea, donde el 81 % de los perfiles se alejan de la verdad. La mayoría de nuestras mentiras son piadosas, pero Richard Wiseman, de la Universidad de Hertfordshire, afirma que se dicen unas dos mentiras al día. ¿A quién mientes con más frecuencia? A tu madre. A tu cónyuge es a quien menos le mientes (en una de cada diez conversaciones), pero es a quien le dices las mentiras más gordas. Y tú recibes unas doscientas al día. (Esta no es una de ellas, lo prometo).

Y somos terribles detectando mentiras, con una media del 54 % de éxito. Es como tirar una moneda al aire. La policía no es mejor, aunque crean que lo son cuando son encuestados. Sí, algunas personas son buenas detectando mentiras, pero no querrías ser una de ellas; son personas que han sufrido accidentes cerebrovasculares y han experimentado un daño significativo en el lóbulo izquierdo de su córtex prefrontal.

Los seres humanos llevan miles de años tratando de dominar la detección de mentiras y fracasando estrepitosamente. En la década de 1920, varias personas desarrollaron el primer polígrafo, entre ellas William Moulton Marston, que posteriormente crearía el personaje de

DC Comics Wonder Woman. Y probablemente debería haberse quedado con el Lazo de la Verdad de ese personaje porque (al menos en los cómics) funcionaba, mientras que el polígrafo no. La Academia Nacional de Ciencias de EE. UU. ha dejado constancia de que «el gobierno federal no debería confiar en los exámenes poligráficos para investigar a los empleados actuales o futuros para identificar a espías u otros riesgos para la seguridad nacional porque los resultados de las pruebas son demasiado imprecisos». Con tan solo quince minutos de entrenamiento, la gente ha sido capaz de superar sistemáticamente la prueba, siendo el método más divertido y eficaz el de apretar el ano en el momento oportuno.

¿Y qué hay de los interrogatorios policiales que vemos en la televisión? Se trata de la técnica Reid, desarrollada en los años 40 y publicada por primera vez como manual por John Reid y Fred Inbau en 1962. Es un enfoque agresivo al estilo «tercer grado» diseñado para estresar a un sospechoso para que confiese. ¿Y sabes qué? La técnica Reid funciona. De hecho, funciona demasiado bien. No importa si eres realmente culpable o no: conseguirá una confesión de la mayoría de la gente. Canadá y el Reino Unido han abandonado los interrogatorios al estilo Reid, por considerarlos coercitivos y poco éticos. Y, sin embargo, sigue siendo el método dominante utilizado por las fuerzas del orden en Estados Unidos hoy en día. Por si fuera poco, tampoco es científicamente válido. Aldert Vrij, profesor de la Universidad de Portsmouth y uno de los principales expertos en detección de mentiras, afirma que los indicios en los que se basa no son predictivos.

Tras el aprendizaje de la técnica de Reid, la capacidad de los agentes de la ley para detectar el engaño empeora.

Entonces, ¿hay alguna forma fiable de detectar las mentiras, basada en la ciencia de verdad? En realidad, sí. En 2009, se formó el Grupo de Interrogación de Detenidos de Alto Valor (HIG) para desarrollar nuevas y mejores prácticas, y en 2016 habían gastado más de quince millones de dólares en más de cien proyectos de investigación con los mejores psicólogos. He adaptado sus hallazgos para simplificar (y porque doy por sentado que no esposarás a alguien a una silla). Además, este sistema requiere algo de tiempo y paciencia, por lo que no va a ser útil para las pequeñas mentiras, pero puede ser bastante potente para los problemas más importantes.

No, no tendrás que someter a nadie a la tortura del submarino. La ciencia recomienda encarecidamente un método sutil y sofisticado que los humanos nunca han probado en los últimos cinco mil años a la hora de intentar detectar mentiras: ser amable. Llamaremos a nuestro nuevo sistema «El método del periodista simpático™».

Nunca seas un «poli malo». Sé un «periodista simpático». Tienes que conseguir gustarles. Que se abran. Que hablen mucho. Y que cometan un error que revele su engaño. ¿Cuál es el primer paso? Los periodistas hacen sus deberes antes de escribir un artículo, y tú también lo harás. Cuanta más información tengas al empezar una conversación sobre una supuesta mentira, mejor calibrado estará tu detector de mentiras interno. Y lo que es más importante, algunas de las técnicas más potentes que utilizaremos más adelante requieren información previa, así que no podemos saltarnos este paso.

Y luego está la parte «amistosa». El informe del HIG concluyó que el «poli malo» no es eficaz y el «poli bueno» sí. Todo el mundo quiere que lo traten con respeto. Y cuando la gente lo hace, es más probable que el interlocutor hable. Además, nunca acuses a alguien de mentir. Más de un estudio ha descubierto que esto reduce la cooperación. No acuses, sé curioso.

¿Les dicen los abogados a sus clientes que mientan? No. ¿Les dicen que sean honestos? No. Les dicen que se callen. Pues bien, Periodista Simpático, tú quieres hacerlos hablar todo lo posible. Haz muchas preguntas abiertas que empiecen por «Qué» o «Cómo», no cosas que se puedan responder con una sola palabra. Debes ser amable y decir lo justo para que sigan hablando. Dejar que hagan un monólogo les hace sentir que tienen el control. Se relajarán. Quieres que sigan hablando para obtener más información y poder evaluarla. Todo lo que dicen es otro hecho que hay que comprobar, otra historia que puede ser contradicha. Y esto es exactamente por lo que los abogados dicen a los clientes que se callen. Tú quieres lo contrario.

Si empiezas a rebatir inmediatamente lo que dicen, no solo puede que se cierren en banda, sino también que empiecen a modificar su historia. No quieres ayudarlos a contar una mentira mejor. Lo que quieres es que lo cuenten todo y que se arrinconen. Aquí radica el problema de tratar con gente escurridiza: ellos tienen información previa, tú no. Si miento y no me pillan, veo lo que funciona. Si miento y me pillan, veo lo que no funciona. Por otro lado, la gran mayoría de las veces no llegas a saber si alguien fue honesto contigo. Así que los mentirosos siempre están mejorando. Tú no. Y eso les da una ventaja. No los ayudes a mejorar más.

Las lecciones anteriores que hemos aprendido sobre la interpretación de las personas también se aplican aquí. De nuevo, el lenguaje corporal es un mal aliado. Nuestro experto Vrij dice lo siguiente: «Ninguna herramienta de detección de mentiras utilizada hasta la fecha que se base en el análisis del comportamiento verbal y no verbal es precisa, ni mucho menos». Para que conste, permíteme abordar directamente un mito común: «Los mentirosos no te miran a los ojos». Craso error. La revisión de la investigación del HIG dice: «La elusión de la mirada nunca ha demostrado ser un indicador fiable». Y si eso no es suficiente para disipar el mito, hay un estudio de 1978 sobre el comportamiento interpersonal de psicópatas encarcelados. ¿Y sabes qué? Miran a la gente a los ojos más a menudo que los no psicópatas.

Evaluar a alguien con precisión es casi imposible si nos dejamos engañar por lo que nos dicen. Pero hay una estrategia que puede hacernos descubrir la verdad. Mientras que las investigaciones muestran que hay poca variación en la capacidad de detectar mentiras, sí que hay mucha variación en la capacidad de decirlas. Así que, al igual que con la interpretación de personas, «El método del periodista simpático™» no se centra en hacer que tus habilidades de detección de mentiras mejoren; se centra en hacer que las habilidades para decir mentiras de los demás empeoren. ¿Cómo lo hacemos?

El antiguo modelo de polígrafo buscaba el estrés emocional como signo de mentira. Eso no funciona. Lo que sí funciona es aplicar una «carga cognitiva», es decir, hacer que los mentirosos piensen mucho. Como señala Vrij, mentir bien requiere una cantidad sorprendente de energía cerebral. Los que dicen la verdad solo tienen que decir lo que recuerdan. Los mentirosos tienen que saber la verdad. También necesitan generar una historia plausible. Y asegurarse de que no se contradicen. Y este modelo tiene que actualizarse con seguridad en tiempo real a medida que se les hacen más preguntas. Mientras tanto, también tienen que parecer honestos, lo que puede requerir saber actuar bastante bien. Por último, deben vigilar las reacciones del interlocutor para asegurarse de que este no se está dando cuenta. Esto es difícil. Así que queremos hacerlo aún más complicado. El informe del HIG descubrió que el aumento de la carga cognitiva puede elevar nuestro mísero 54 % de precisión hasta un 71 %.

Ahora bien, es poco probable que esto haga que los mentirosos confiesen directamente. Lo que sí hará es crear un fuerte contraste entre cómo respondería un mentiroso y cómo lo haría el que dice la verdad. Al igual que cuando tu ordenador está ocupado con un problema complejo, el rendimiento de un mentiroso se ralentizará y se volverá inestable. Y esa es exactamente la reacción que buscaremos al aplicar estas técnicas. En lugar de preguntarte a ti mismo: ¿está mintiendo esta persona?, pregúntate: ¿tiene que pensar mucho? Un estudio realizado por Vrij demostró que el mero hecho de hacer que los policías se centraran en la segunda pregunta mejoraba notablemente su capacidad de detección de mentiras.

Bien, tenemos las bases. Has hecho los deberes. Estás usando el método del periodista simpático, y ellos están parloteando. Estás atento para cuando tengan que pensar mucho. Es hora de ahuyentar (amablemente) al mentiroso con dos poderosas técnicas del informe HIG.

1. HACER PREGUNTAS IMPREVISTAS

Si le preguntas a un menor de edad en un bar cuántos años tiene, oirás un nítido y seguro «tengo veintiuno». Pero, en cambio, ¿qué pasaría si le preguntaras: «Cuál es tu fecha de nacimiento»? Esa es una pregunta extremadamente fácil para alguien que dice la verdad, pero un mentiroso probablemente tendrá que hacer una pausa para hacer algunos cálculos.

Pillado. El informe del HIG cita un estudio que demuestra que los métodos de seguridad de los aeropuertos suelen detectar menos del 5 % de los pasajeros que mienten. Pero cuando los inspectores utilizaron preguntas imprevistas, esa cifra se disparó al 66 %.

Comienza con las preguntas esperadas. Esto no es intimidante y te da información, pero lo más importante es que te da una base. A continuación, lánzale una pregunta que sea fácil de responder para quien dice la verdad, pero para la que un mentiroso no estaría preparado. Analiza la reacción. ¿Respondió con calma y rapidez, o su retraso en la respuesta aumentó repentinamente? Sí, podrían soltar cualquier cosa, pero eso es un campo minado de posibles contradicciones frente a alguien que ha hecho sus deberes de antemano. O simplemente se callan, lo cual es muy sospechoso.

Otro ángulo es pedir detalles verificables. «¿Así que si llamo a tu jefa, ella puede confirmar que estuviste en esa reunión de ayer?». Las personas que dicen la verdad podrán responder rápida y fácilmente. Los mentirosos serán reacios a hacerlo, y probablemente les inducirá una carga cognitiva. «¿Qué llevaba Emily en la reunión?». De nuevo, sencillo para las personas honestas, pero una pesadilla para los mentirosos. Es fácilmente verificable y ellos lo saben.

Bien, es hora del golpe final. La voz del narrador de *Mortal Kombat* dice: ¡acaba con él!

2. USO ESTRATÉGICO DE LAS PRUEBAS

Has hecho los deberes por adelantado, ¿verdad? Bien. Haz buenas migas con ellos. Consigue que hablen. Y haz que digan algo que contradiga la información que has recopilado. Pide una aclaración para que se comprometan. Y luego: «Lo siento, no lo entiendo. Has dicho que estabas con Gary ayer. Pero Gary se ha quedado en Francia toda la semana». Hazte la pregunta mágica: ¿Parece que está pensando mucho? ¿Y su respuesta apresurada contradice algo más, así que se está cavando su propia tumba?

Se trata de revelar las pruebas de forma progresiva. Las repetidas contradicciones pueden hacer que confiesen por vergüenza. Lo más probable es que haga que sus mentiras sean cada vez más evidentes. Un estudio realizado en 2006 sobre la policía sueca demostró que, por lo general, detectan las mentiras el 56,1 % de las veces. Los que recibieron formación sobre el «uso estratégico de las pruebas» obtuvieron un 85,4 %.

Estos métodos no son perfectos, pero te darán muy buenos resultados si los practicas... En serio. Te prometo que es verdad. Vamos, tienes que creerme. Te juro que no he pensado mucho mientras escribía este libro.

¿Estas técnicas permiten juzgar un libro por su portada? Eso sería una exageración. No es un proceso sencillo, y solo funciona cuando tienes tiempo y la otra persona está dispuesta a ser paciente con tus preguntas. Nota final: no enseñaré esta sección a mi editor hasta que le haya explicado por qué me salté el plazo.

Entonces, ¿podemos mantener la máxima que se puede juzgar un libro por su cubierta? Ya casi es hora de que emitamos un veredicto...

Capítulo 5

En 2007, un astrónomo del Observatorio Parkes, en Australia, estaba revisando datos de archivo y observó algo tan increíble que la gente dijo que podría demostrar la existencia de vida extraterrestre. No es de extrañar que se pasara por alto cuando se produjo por primera vez en 2001. La ráfaga de ondas de radio había durado solo cinco milisegundos. (Ni siquiera se puede leer la palabra «milisegundos» en cinco milisegundos). La fuente era desconocida, y estas ondas de radio viajaron tres mil millones de años luz para llegar hasta aquí. Pero la NASA confirmaría que en esos meros cinco milisegundos se había generado tanta energía como quinientos millones de soles. (Me encantaría utilizar una metáfora para transmitir la magnitud de esa cifra, pero mi cerebro esmirriado no es capaz de entender lo que significan quinientos millones de soles, así que lo definiremos como «extrasuperpotente al cuadrado»

Fue bautizada como «ráfaga rápida de radio» (FRB). Fue, como nos gusta decir a los entendidos en la materia, extrasuperpotente al cuadrado. Parece una exageración que esto demuestre que los *klingons* existen... excepto que, cuando la NASA debatió recientemente lo que se necesitaría para llegar a Marte en tres días, los científicos sugirieron que haría falta un sistema de propulsión fotónica de vela solar que, ejem, suena como si produjera una ráfaga como esta. Y mucho más tarde, cuando dos científicos hicieron números sobre las FRB, dijeron que «la frecuencia óptima para propulsar la vela solar parece similar a las frecuencias de las FRB detectadas». Y los dos científicos no eran chiflados en YouTube con sombreros de papel de aluminio; eran Avi Loeb y Manasvi Lingam, del Departamento de Astrofísica de Harvard.

Así que lo de los «extraterrestres» no era tan descabellado como podría parecer. Pero solo había una de estas cosas, así que al principio, la «ráfaga Lorimer» fue calificada como un error, una especie de hipo del radiotelescopio. Pero poco después encontraron más. Muchas más. En 2010, la astrofísica Sarah Burke-Spolaor descubrió registros de dieciséis ráfagas similares ocurridas en 1998. (Si se trataba de una comunicación extraterrestre, somos ese amigo al que le cuesta horrores responder a los mensajes). Pero lo más interesante es que estas dieciséis señales eran diferentes. En muchos aspectos parecían FRB, pero en realidad eran lo que se conocería como «perytons». Los *perytons* son locales. No proceden de miles de millones de años luz de distancia, sino que se generan a partir de algo que está aquí mismo, en la Tierra.

Se podría especular que los *perytons* significaban que los extraterrestres habían llegado a la Tierra. Si los FRB eran mensajes de los extraterrestres a nuestro planeta, tal vez los *perytons* eran ET llamando a casa. Pero la teoría más popular era que los *perytons* solo demostraban que todo esto era una tontería. Los *perytons* se debían probablemente a los rayos, o incluso más probablemente, a algún tipo de interferencia de origen humano. Y varios científicos sostenían que los FRB eran también *perytons*. El debate se prolongó durante años.

Pero entonces, el 14 de mayo de 2014, en el Observatorio Parkes detectaron una FRB en directo, en tiempo real. Confirmaron que se había originado al menos a 5.500 millones de años luz de distancia. Los *perytons* podrían ser una interferencia local, pero esto confirmó que las FRB eran reales. La noticia sacudió todo el campo de la astronomía.

Resolver el problema de los FRB sería casi imposible porque se originan muy lejos. Pero los *perytons* son locales. Esto era potencialmente solucionable. Y podría ser uno de los descubrimientos más trascendentales que la humanidad podría hacer jamás. ¿Y qué hacemos con problemas intelectualmente valiosos e increíblemente desafiantes que podrían cambiar el curso de la historia?

Sí, así es: se los endosamos al becario.

Aquí tenemos a nuestra valiente heroína: Emily Petroff. Tenía veinticinco años. Ni siquiera había terminado su doctorado en Astrofísica. Y se le encargó resolver uno de los mayores misterios de la astronomía. Sin ayuda. Sin grandes subvenciones financieras. Buena suerte, chica… Pero Emily estaba fascinada por las FRB y los *perytons* y estaba dispuesta a llegar más lejos que nadie.

Rápidamente se dio cuenta de lo difícil que iba a ser encontrar la causa de esa misteriosa fuente de energía. Los astrofísicos no son bobos. No quieren que las interferencias causen problemas, por lo que los emplazamientos de teleobservación están en medio de la nada, en zonas de radio silenciosas. Los teléfonos móviles están prohibidos. Se utilizan jaulas de Faraday para proteger los equipos de las ondas electromagnéticas. ¿Qué diablos podría estar causando esto?

Y había otra cuestión aún más curiosa: los *perytons* detectados en Parkes se habían producido en dos frecuencias, 2,5 GHz y 1,4 GHz. La primera era común, pero la segunda era diferente. Los científicos no tenían conocimiento de nada que se hubiera transmitido a 1,4 GHz. Podrían ser realmente extraterrestres. Y si se trataba de *perytons*, eso significaba que los extraterrestres podían estar aquí entre nosotros. Desde 1998.

Pero Emily no se creía la historia de los extraterrestres, así que pasó meses analizando los datos del telescopio… que resultaron ser un callejón sin salida. Negándose a rendirse, Emily instaló un monitor de interferencias en el telescopio para detectar las frecuencias que se interponían. De nuevo, nada.

Finalmente, en enero de 2015, tuvo un golpe de suerte. El telescopio detectó tres nuevos *perytons* en una sola semana. Esto no fue casualidad. ¿Podría tratarse de un intento de comunicación de la fuente extraterrestre aquí, en la Tierra? Cada uno de los *perytons* tenía dos señales, una a 2,5 GHz y otra a los misteriosos 1,4 GHz. Emily pudo comparar los datos de su nuevo monitor de interferencias con los resultados del observatorio ATCA cercano, que no captó los 2,5 GHz, pero ella sí. Esto lo confirmaba: los *perytons* no procedían del espacio exterior. Lo que fuera que estaba produciendo esta frecuencia desconocida se encontraba cerca del telescopio. Estaba aquí. En la Tierra.

Y el momento de aparición de los *perytons* no fue aleatorio. Todos ocurrieron durante la jornada laboral. Al final, todo encajó. Todos tenían algo en común. Una cosa sumamente profunda que todo ser humano vivo o que haya vivido alguna vez considera vital...

La comida. Los *perytons* de Parkes estaban ocurriendo siempre a la hora de la comida. Entonces, ¿qué opera a 2,5 GHz? Emily tuvo una idea. Bajó corriendo las escaleras. Y allí estaba nuestro alienígena: el microondas de la sala de descanso del telescopio. La mayoría de los radiotelescopios prohíben los microondas. Los datos del monitor de interferencias confirmaron que el telescopio había apuntado hacia la sala de descanso cada vez que se había detectado un *peryton*.

Sí, el mayor misterio de la astronomía no lo causaron los extraterrestres, sino los científicos que calentaban burritos.

Pero esto no lo resolvió todo. Sí, los Hot Pockets estaban produciendo la señal a 2,5 GHz, y no los Wookies. Pero había dos frecuencias. ¿Qué había de la de 1,4 GHz? Nada de lo que usaban los científicos emitía una señal de 1,4 GHz. La teoría extraterrestre no estaba descartada.

Pero Emily sabía que donde hay un error humano, probablemente haya más errores humanos. Es cierto que nada de lo que utilizaban normalmente producía una ráfaga a 1,4 GHz. Y las microondas suelen funcionar a 2,5 GHz... Así que nuestra heroína, siempre llena de recursos, hizo un experimento: si encendía el microondas y abría la puerta antes de que terminara de calentar, ¿adivinas qué pasaba? El magnetrón del microondas liberaba una rápida emisión de 1,4 GHz junto a los 2,5 GHz.

Así que, corrección: el mayor misterio de la astronomía no lo causaron los extraterrestres; sino los científicos impacientes que calentaban burritos.

Emily sabía que no eran extraterrestres. Y la mayoría de los científicos reputados nunca se tomaron en serio la teoría de los extraterrestres. Pero no importaba. La historia de los extraterrestres era irresistible. Los medios de comunicación se volvieron locos.

La gente se moría por saber más, no sobre ciencia, sino sobre la posibilidad de que hubiera extraterrestres.

A nuestros cerebros les encantan las historias sencillas y molonas, como la de los extraterrestres. (Nuestros cerebros también están impacientes por recalentar la pizza). Y tanto si hablamos de *perytons* y extraterrestres como si intentamos leer la mente de otros habitantes de la Tierra, es demasiado fácil malinterpretar las señales y llegar a conclusiones fantásticas que son claras, sencillas, molonas... y erróneas.

Por favor, piensa en Emily Petroff la próxima vez que recalientes las sobras. (Y córtalas con la navaja de Occam, ya que estás). El gran misterio del *peryton* estaba resuelto... sin embargo, eso no significa que hubiera todas las respuestas. Las FRB siguen sin explicación. ¿Quizás haya extraterrestres en una galaxia lejana, impacientes por sacar sus propios Hot Pockets del microondas?

O tal vez esto sea otra película molona e inexacta que me estoy montando.

* * *

Entonces, ¿se puede «juzgar un libro por su portada»? Repasemos las principales conclusiones.

Aunque somos decentes con las primeras impresiones, nuestra detección de mentiras es como lanzar una moneda al aire, y somos horribles en la lectura pasiva de los pensamientos y sentimientos de la gente (conozco a un caballo que lo hace mejor que nosotros). Y lo que es peor, nuestros errores iniciales tienden a quedarse en nuestra mente. A menudo somos nuestro peor enemigo. El sesgo de confirmación hace que recordemos los aciertos y olvidemos los fallos, cegándonos ante lo que podría corregir nuestra historia y hacerla más precisa.

Aunque la lectura pasiva suele ser inexacta, podemos mejorar si nos motivamos e intentamos, activamente, conectar con la gente. Pero es un error centrarse demasiado en la mejora de esa capacidad. Si estás tratando de descifrar su personalidad o de detectar mentiras, las mayores ganancias de precisión se consiguen haciendo que los demás aumenten las señales que envían. No se puede mejorar mucho en la detección de mentiras, pero sí se pueden aprovechar métodos sólidos como la carga cognitiva y el uso estratégico de las pruebas para hacer que la gente sea tan mala diciéndolas que sea mucho más fácil darse cuenta. (Y no confundas lo de calentar un Hot Pocket en el microondas con un contacto extraterrestre).

Todo esto nos lleva naturalmente a una pregunta: ¿por qué somos malos interpretando a los demás? Se podría pensar que es una habilidad útil. ¿Deberíamos lanzar una demanda colectiva contra la Madre Naturaleza? ¿Necesita el cerebro humano una retirada de fábrica? ¿Por qué una especie social es tan defectuosa en algo aparentemente tan valioso?

Una de las razones es que nuestra escasa precisión puede no ser un defecto en absoluto. Ser demasiado preciso al interpretar a las personas puede ser una pesadilla. Todos tenemos sentimientos negativos fugaces sobre nuestras parejas, amigos y relaciones. Eso es normal. Pero si te dieras cuenta de cada pensamiento negativo que alguien tiene sobre ti, eso te provocaría ansiedad. La inmensa mayoría de las veces, es preferible no ser consciente de estos problemas momentáneos. Y eso es exactamente lo que han descubierto los estudios. La precisión empática no es un bien universal; es un arma de doble filo. Un estudio realizado por Simpson, Ickes y Ortina descubrió que la precisión empática es positiva si no descubre información que amenace la relación. Pero si lo hace, es negativa. De hecho, si hay información negativa que recoger, evitar la exactitud mejora la estabilidad de la relación.

Como dijo un equipo de psicólogos: «La gente suele querer aprender a mejorar la precisión de sus juicios sociales… pero no está claro si vislumbrar la realidad social es un objetivo saludable». ¿Te sentirías cómodo si los demás pudieran detectar todos tus pensamientos cuando estás de mal humor? A veces, dudas de tus relaciones. Es natural y saludable, pero que se conozcan esos momentos podría perjudicar a otros. No olvidemos la maldición de la HSAM. Un exceso de información negativa o una memoria demasiado perfecta no favorecen las relaciones. Necesitamos suavizar las cosas, ser capaces de conceder el beneficio de la duda, pasar por alto algo que es cierto pero no es representativo.

Así que tal vez la Madre Naturaleza nos concedió una limitación saludable: somos bastante buenos interpretando a la gente cuando estamos suficientemente motivados y comprometidos, pero no demasiado. Eso sería un ejercicio paranoico.

Ver el mundo con precisión no es nuestro único objetivo. Sí, quieres información fiable para poder tomar buenas decisiones. Pero también quieres estar contento, motivado y seguro de ti mismo, incluso cuando las cosas no pintan tan bien. (O, sobre todo, cuando las cosas no pintan tan bien). Esto puede ser un equilibrio delicado porque la verdad duele. Es así como sabes que es la verdad. Sherlock Holmes era excelente en leer siempre la realidad pura y dura. También era un drogadicto. No estoy seguro de que esas dos cosas no estén relacionadas.

En la misma línea, puede que tampoco sea bueno ser un increíble detector de mentiras. ¿Realmente quieres que salten las alarmas en tu cabeza cada vez que alguien que se preocupa por ti te hace un cumplido bienintencionado pero poco verdadero? No, quieres disfrutarlo. Y los requisitos de cortesía y diplomacia de la mayoría de las situaciones sociales (por no hablar de las entrevistas de trabajo y las primeras citas), simplemente, no pueden soportar la verdad absoluta las 24 horas del día. Conoces a personas que hacen preguntas, de forma rutinaria, a las que no quieren respuestas honestas, y te hacen sentir muy incómodo. La mayoría de las mentiras no son del tipo «Yo no lo maté». Son más bien del tipo: «Te queda muy bien ese peinado». Como dijo T. S. Eliot, «La humanidad no puede soportar mucha realidad».

Dar por hecho que la gente suele ser honesta es una opción preferible. La buena noticia es que no solo nos hace sentir mejor, sino que a largo plazo es la mejor apuesta. Un estudio preguntó a la gente el grado de confianza que tienen en los demás en una escala del uno al diez. Los beneficios eran más altos entre los que respondieron con el número ocho. Y las personas con poca confianza salían mucho peor paradas que las que tenían demasiada. Sus pérdidas fueron el equivalente a no ir a la universidad. Perdieron muchas oportunidades por no confiar. En el libro *The Confidence Game* (El juego de la confianza),

Maria Konnikova señala un estudio de Oxford que muestra que «las personas con mayores niveles de confianza tenían un 7 % más de probabilidades de gozar de mejor salud», y un 6 % más de probabilidades de ser «muy» felices en lugar de «bastante» felices o «nada felices». (Espero que confíes en mí, de lo contrario este libro no te va a servir de mucho).

Entonces, ¿cuál es el veredicto final de la máxima? Me encantaría decir que «no juzgues un libro por su portada» es simplemente verdadero o falso, pero eso no sería muy útil. Es casi cierto... pero engañoso. La respuesta tiene más matices.

No, no deberíamos juzgar a los demás de forma rápida o superficial. Pero, como muestra la investigación, siempre lo hacemos, al menos al principio, y eso no va a ser diferente. Suspender totalmente nuestro juicio no es posible y, sin práctica, más tiempo no nos hace más precisos, solo más confiados.

En lugar de centrarnos en no juzgar un libro por su portada, es más útil decir que sería mejor que nos esforzáramos más en revisar los juicios que sin duda haremos.

Bien, sección 1 completada. Hemos terminado de evaluar a las personas. Ahora es el momento de ver cómo tratamos con ellas. Y eso significa amigos. Así que tenemos que preguntarnos: ¿Qué hace a un buen amigo? ¿Y cómo podemos ser un buen amigo para los demás?

La máxima dice: «En la necesidad se conoce la amistad». Y esa máxima existe al menos desde el siglo III a. C. Pronto llegaremos al fondo y sabremos si es cierta, pero lo primero es lo primero: no estoy seguro de que sepamos siquiera qué significa.

¿Significa que «Un amigo que necesita algo seguro va a actuar como tu amigo»? ¿O «Un amigo que está necesitado es un amigo que te conoce»? O tal vez «Un amigo, cuando tú estás necesitado, es un amigo de verdad»? O quién sabe si «Un amigo, cuando tú estás necesitado, es un amigo que te conoce»?

¿Cuál es la buena? ¿Cuál crees que es? Bueno, cuando revisamos las evidencias, resulta que puede significar algo muy diferente —o exactamente lo contrario— de lo que crees. Veamos eso a continuación...

PARTE 2

¿«EN LA NECESIDAD SE CONOCE LA AMISTAD»?

Capítulo 6

Estar de pie en calcetines y sin abrigo no es divertido cuando las temperaturas caen bajo cero. Pero es aún peor cuando unos cientos de soldados vienen a matarte.

Los otros miembros de su escuadrón yacían heridos cerca. Desde el lecho del arroyo donde se cubrió, pudo ver al enemigo acercándose. Correr era todavía una opción... Pero no para Hector. Hector Cafferata no iba a ir a ninguna parte.

Bien, rebobinemos un poco. Es el 28 de noviembre de 1950, durante la guerra de Corea. El pequeño escuadrón de marines estadounidenses de Hector tenía la tarea de proteger un paso de montaña de tres millas, básicamente, una ruta de escape que la Primera División de Marines de once mil soldados podría necesitar en caso de problemas. Con 15 centímetros de nieve en el suelo, hacía tanto frío que el escuadrón de Hector no podía ni siquiera cavar hoyos de protección, así que él y su compañero Kenneth Benson («Bens») cortaron pequeños árboles para construir un refugio y luego se metieron en sus sacos de dormir.

Lo que no sabían era que una enorme unidad de soldados chinos estaba avanzando hacia su posición. Alrededor de la 1:30 a.m., Hector se despertó sobresaltado por los disparos. Explosiones. Gritos. Los cuerpos de sus amigos heridos por todas partes. Los soldados enemigos estaban literalmente a diez metros de distancia. No había tiempo para ponerse las botas. Una granada explotó cerca. No hirió a Hector, pero el destello cegó a Bens. Durante el resto de la noche no podría ver nada.

Hector cogió su rifle y respondió con disparos, pero eran demasiados, estaban demasiado cerca y se acercaban demasiado rápido.

Hector le dijo a Bens: «Agárrate a mi pie. Vamos a arrastrarnos». Se retiraron a una trinchera para cubrirse.

Al observar la escena, Hector se dio cuenta de que el resto de su escuadrón estaba incapacitado. Y un grupo de soldados enemigos del tamaño de un regimiento se estaba acercando. El soldado de primera Hector Cafferata, que solo había recibido dos semanas de entrenamiento antes de ser enviado a Corea, era el último hombre en pie. Miró a sus compañeros heridos. Y luego se puso a trabajar.

¿Qué hizo? Verás, vas a tener que perdonarme aquí porque voy a usar un cliché manido. Pero te juro que esta puede ser la única vez en que este cliché sea 100 % exacto y no una mera exageración...

Hector Cafferata se convirtió en un ejército de un solo hombre.

Con la nieve hasta los tobillos y en calcetines, Hector se transformó en lo que vemos en las películas de acción del verano. Mientras docenas de soldados enemigos atacaban con balas, granadas y morteros, Hector aguantó sin ayuda. Y no solo aguantó, sino que les hizo retroceder para ponerse a cubierto. Corriendo de un lado a otro por el lecho del arroyo mientras las balas pasaban zumbando y todo tipo de cosas explotaban a diestro y siniestro, un solo tipo hizo que toda una unidad del tamaño de un regimiento pidiera refuerzos.

¿Parece ridículo? ¿Crees que me lo estoy inventando? Pues agárrate porque la cosa se pone aún más loca: Hector rechazó con una pala las granadas que le lanzaban. Voy a repetirlo: bateó las granadas con una pala.

Hector disparó tanto su fusil M1 que se sobrecalentó y se incendió brevemente. Lo enterró en la nieve para enfriarlo y volvió a disparar. Bens, que seguía ciego, cargaba balas en cargadores de ocho en ocho, a tientas, y se las entregaba a Hector cuando oía el «clic» del rifle vacío.

El enemigo lanzó una granada en la zanja donde yacían sangrando sus compañeros. Hector corrió hacia ella y la lanzó de nuevo. Pero no fue lo suficientemente rápido. Detonó antes de que estuviera lejos, destrozando uno de sus dedos e incrustándole metralla en el brazo. No importaba. Hector continuó luchando, con los soldados enemigos a solo 15 metros de distancia. Y siguió así durante cinco horas.

Entonces sonó un disparo por encima de los demás. La bala de un francotirador se clavó en el pecho de Hector. Cayó. Luchó por levantarse, pero su cuerpo no podía obedecer. En el suelo, miró a sus compañeros caídos... y más allá de ellos, en la distancia, Hector vio a los refuerzos de los marines estadounidenses que subían por la colina. Todo iba a salir bien.

Hector pasaría más de un año recuperándose. Tras abandonar el hospital, se dirigió a la Casa Blanca. El presidente Harry Truman le concedió la Medalla de Honor, la más alta condecoración militar que puede recibir un miembro de las fuerzas armadas estadounidenses. Si se revisan los registros oficiales, se dice que mató a quince enemigos. Pero esa cifra no es exacta ni de lejos. En una entrevista, su oficial al mando, el teniente Robert McCarthy, dijo que estaba más cerca de los cien. Los oficiales militares cambiaron los documentos porque sabían que nadie se creería la cifra real.

«A decir verdad, lo hice. Sé que lo hice. Otras personas saben que lo hice. Pero que me parta un rayo si sé cómo lo hice. Digámoslo así». Ese es Hector, años después. No sabía cómo lo hizo, pero sabía por qué. Y no fue porque fuera un patriota que amaba a su país. Hector era un patriota que amaba a su país, sí, pero no fue por eso que lo hizo. De hecho, esa no es la razón por la que ningún distinguido con la Medalla de Honor lo haya hecho. Revisa las historias de los soldados a los que se les concedió esa condecoración y verás la misma razón una y otra vez. El ganador de la Medalla de Honor, Audie Murphy, lo dijo claramente. Cuando le preguntaron por qué arriesgó su vida, enfrentándose a una compañía completa de soldados alemanes durante la Segunda Guerra Mundial, respondió:

«Estaban matando a mis amigos».

Lo mismo ocurrió con Hector. Como dijo en una entrevista: «No creo que pensara conscientemente en ello. Tienes amigos allí que están heridos y lastimados. Decides que tienes que aguantar. Nunca se me ocurrió pensar en irme».

Los amigos de Hector necesitaban ayuda, sin duda. Y Hector era un amigo «conocido» y «de verdad». Me encantaría tener un amigo como Hector. (En realidad, me encantaría tener una figura de Hector

Cafferata con calcetines extraíbles y un brazo con un resorte y sosteniendo una pala).

Nadie discute que los amigos son una de las cosas más importantes en la vida. Pero hay un misterio en el corazón de la amistad al que
debemos llegar...

* * *

En las tierras montañosas de Papúa Nueva Guinea, los viejos amigos se
saludan diciendo «Den neie», que se traduce como «Me gustaría comerme tus intestinos». Basta decir que algunas ideas sobre la amistad varían
en todo el mundo. Pero muchas cosas son similares a nivel global. En
las islas de Micronesia, a los amigos íntimos se les llama «pwiipwin le
sopwone wa», que significa «mi hermano de la misma canoa», lo que
se parece bastante a «hermano sin lazos de sangre», si lo piensas.

Una cosa está clara: la amistad es universal. El Human Relations
Area Files (HRAF) de la Universidad de Yale hace un seguimiento de
las 400 culturas más estudiadas del mundo, y 395 parecen tener un
concepto de amistad. (Las cinco que no lo tienen son comunidades
que desaconsejan explícitamente la amistad por considerarla una amenaza para la unidad familiar o las estructuras políticas). Y los mejores
amigos no se limitan a los humanos, ni siquiera a los primates. Los
investigadores han documentado que elefantes, delfines, ballenas y
otros mamíferos también tienen amigos.

La ayuda mutua es la cualidad de la amistad más reconocida en el
93 % de las sociedades encuestadas, y casi todas ellas también tienen
la prohibición de «llevar la cuenta» en una amistad. Con los desconocidos se paga al contado, de momento. Pero ser amigos significa ignorar el recuento estricto de los favores. De hecho, la reciprocidad
rigurosa es, en realidad, algo profundamente negativo en la amistad.
Tener prisa por pagar una deuda suele considerarse un insulto. Con
los amigos actuamos como si los costes y los beneficios no importaran
(o al menos no tanto).

Un estudio realizado en 2009 reveló que los estadounidenses tienen una media de cuatro relaciones íntimas, dos de las cuales son

amigos. El profesor de Yale Nicholas Christakis señala que estas estadísticas no han cambiado mucho en las últimas décadas, y se obtienen cifras similares cuando se mira en todo el mundo. Y aunque la mayoría de los estudios muestran que la calidad es más importante que la cantidad cuando se trata de amigos, los números siguen siendo importantes. ¿Qué personas tienen un 60 % más de probabilidades de considerarse «muy felices»? Los que tienen cinco o más amigos con los que pueden hablar de sus problemas.

No es de extrañar que tengamos el mayor número de amigos cuando somos jóvenes (los adolescentes tienen una media de nueve), y el número suele disminuir a medida que envejecemos. Lo cual es triste, porque los amigos nos hacen más felices que cualquier otra relación. Lo siento, cónyuges. El Premio Nobel Daniel Kahneman descubrió que, cuando se encuesta a las personas en el momento, sus niveles de felicidad son más altos cuando están con amigos. No importa si encuestamos a los jóvenes o a los mayores, o si vamos a cualquier parte del mundo, los amigos se llevan el título casi siempre. Para ser justos, una investigación de Beverley Fair muestra que somos lo más felices posible con amigos y con el cónyuge. Pero incluso dentro de un matrimonio, reina la amistad. Un trabajo de Gallup reveló que el 70 % de la satisfacción matrimonial se debe a la amistad con la pareja. Tom Rath dice que es cinco veces más importante para un buen matrimonio que la intimidad física.

El impacto de los amigos en la oficina no es menos significativo. Menos del 20 % de las personas ven a su jefe como un «amigo íntimo», pero los que lo hacen tienen 2,5 veces más probabilidades de disfrutar de su trabajo. ¿Tienes tres amigos en el trabajo? Entonces tienes un 96 % más de probabilidades de sentirte feliz con tu vida. Para ser claros, ese resultado no fue «feliz con su trabajo»; fue feliz con la vida. Y aunque a todos nos gustaría un aumento de sueldo, un estudio del *Journal of Socio-Economics* de 2008 descubrió que, mientras que los cambios en los ingresos solo proporcionan un aumento menor de la felicidad, pasar más tiempo con los amigos aumenta tu sonrisa como un aumento de 97.000 dólares más al año. (Ve a pedirle a tu jefe un aumento de 97.000 dólares y verás qué bien te va). En general, las variables relacionadas con los amigos representan alrededor del 58 % de tu felicidad.

Tus amigos también son fundamentales para mantener tu estatus de persona viva. Un trabajo de Julianne Holt-Lunstad descubrió que la soledad afecta a la salud del mismo modo que fumar quince cigarrillos al día. Y una vez más, la amistad prevalece sobre otras relaciones. Un estudio de 2006 comparó a las pacientes con cáncer de mama que tenían diez amigos íntimos con las que no tenían ninguno. Pertenecer al primer grupo cuadruplicaba las posibilidades de supervivencia de las mujeres, pero, lo que es más sorprendente, es que un marido no tenía ningún efecto. Lo mismo ocurre con los hombres. Un estudio a largo plazo con 736 hombres demostró que los amigos reducían la probabilidad de sufrir problemas cardiacos. De nuevo, una pareja sentimental no lo hizo.

Vale, lo entendemos: los amigos son algo bueno. Pero estamos aquí para responder a una pregunta más específica: ¿«En la necesidad se conoce la amistad»? El problema es que tú y yo no podemos ni siquiera empezar con esa cuestión porque tenemos una dificultad mucho más fundamental: ni siquiera sabemos qué es realmente un amigo. Adelante, defínelo. Yo espero. Y no, no voy a aceptar un esquema piramidal de clichés como respuesta. Todos hemos oído un millón de definiciones de la amistad que suenan como una frase de galleta de la suerte, pero eso no es una prueba definitiva.

¿Son tus «amigos» de Facebook realmente amigos? ¿Qué tal el viejo amigo con el que tienes grandes recuerdos... pero que nunca se molesta en hablar? ¿O la persona divertida con la que siempre te lo pasas en grande, pero en la que nunca confiarías para cuidar de tus hijos? ¿Esa persona de confianza con la que puedes contar para cualquier cosa, pero a la que nunca llamarías para pedirle consuelo si recibieras una prueba médica que contuviera la palabra «maligno»? ¿Son amigos? Definir esa pequeña palabra común es mucho más complicado de lo que crees.

Christakis dice: «Podemos definir formalmente la amistad como una relación típicamente voluntaria y de larga duración, normalmente entre individuos no emparentados, que implica afecto y apoyo mutuos, posiblemente asimétricos, especialmente en momentos de necesidad». Una definición sólida y formal para la investigación, pero no creo que nos sirva a ti y a mí en el día a día.

Y su nebulosa definición es el emblema de un problema más amplio: la amistad se estropea. A pesar de la retahíla de aspectos positivos mencionados anteriormente, incluido el puesto número uno para la felicidad y la salud, la amistad casi siempre queda relegada a un segundo plano frente a los cónyuges, los hijos, los parientes lejanos e incluso los compañeros de trabajo. Pagamos por un terapeuta infantil para nuestros hijos, un consejero matrimonial para nuestra unión, pero nada por la amistad. Si supone problemas, a menudo la dejamos morir como a un pez de colores. Daniel Hruschka, profesor y estudioso de la amistad en la Universidad Estatal de Arizona, señala que la palabra «amigo» se dice y se escribe más que cualquier otro término relacional en la lengua inglesa, incluso «madre» y «padre». Y, sin embargo, esta relación vital, poderosa, que induce a la felicidad y que salva vidas, recibe sistemáticamente la peor parte en nuestra vida cotidiana. ¿Cuál es el problema?

A diferencia de esas otras relaciones, la amistad no tiene una constitución formal. No tiene ninguna ley, religión, jefe o lazo de sangre que la respalde. Y como no hay un grupo de presión metafórico que defienda los intereses de la amistad, siempre acaba en un segundo plano. Es 100 % voluntaria, sin una definición clara y con pocas expectativas acordadas por la sociedad. Si estás sin hablar con tu cónyuge durante seis semanas, ya puedes esperar los papeles del divorcio. Si no hablas con un amigo durante ese tiempo… meh.

Sin reglas formales, las expectativas son borrosas. Esto hace que las amistades sean frágiles. Se marchitan si no las cuidas, pero no hay reglas para lo que requieren, y negociar los detalles es incómodo. Si no te presentas al trabajo, sabes que tu jefe te despedirá. Pero lo que exige el fin de una amistad suele ser idiosincrásico. Por eso no es de extrañar que, cuando se hace una encuesta entre jóvenes y mayores, se descubra sistemáticamente que, al cabo de siete años, la mitad de los amigos actuales ya no son confidentes cercanos. Sin obligaciones institucionales, el mantenimiento de las amistades debe ser intencionado. Y en un mundo tan ajetreado, eso está más allá de lo que la mayoría de nosotros puede soportar. A menudo, los treinta es la década en la que las amistades mueren. En esa época es cuando reúnes a todos tus amigos para tu boda y luego no vuelves a verlos. Los trabajos, los matrimonios y los hijos exigen cada vez más a medida que envejecemos, y eso suele salir del presupuesto de los amigos. A pesar de todas las alegrías y beneficios de la amistad, los estudios demuestran que la persona con la que tenemos más probabilidades de tener una relación de por vida resulta no ser un amigo sino un hermano. Es una tragedia.

Sin embargo, la debilidad de la amistad es también la fuente de su inconmensurable fuerza. ¿Por qué las verdaderas amistades nos hacen más felices que los cónyuges o los hijos? Porque siempre son una opción deliberada, nunca una obligación. No están respaldadas por ninguna institución, por lo que la amistad no nos es impuesta por nadie. Sencillamente: te tienen que gustar tus amigos. Otras relaciones pueden existir independientemente de la emoción. Alguien no deja de ser tu padre, tu jefe o tu cónyuge porque te deje de gustar. La amistad es más real porque cualquiera de las dos personas puede alejarse en cualquier momento. Su fragilidad demuestra su pureza.

Y luego hay una institución exponencialmente mayor a la que debe enfrentarse la amistad, una que ofrece el reto más importante para la definición exacta de la palabra: la biología. En un mundo natural despiadado (en algún lugar, ahora mismo, un león está mordiendo a una gacela), donde todo se reduce a la necesidad darwinista de propagar nuestros genes, ¿por qué existen los amigos? La familia, y la necesidad de mantenerla, deberían ser suficiente, ¿no?

Claro, los amigos pueden ofrecer ayuda para alcanzar esos objetivos y entonces los cálculos funcionan… pero entonces todo queda en matemáticas. Relaciones transaccionales. En ese caso, evaluaríamos a los amigos basándonos únicamente en lo que pueden hacer por nosotros y nos aseguraríamos de sacar siempre provecho del intercambio. Pero no es así: la ausencia de reciprocidad estricta es una de las pocas características universales de la amistad. Y lo que es más importante, no coincide en absoluto con nuestra idea emocional de la amistad. No deja espacio para el altruismo real o la bondad en el mundo. Si la vida consiste en propagar tus genes y conseguir recursos, como parece decir la biología, ¿por qué Hector arriesgó su vida por sus amigos? ¿Es eso lo que significa la máxima de «la amistad en la necesidad»? ¿Que los amigos solo nos son fieles cuando nosotros necesitamos o ellos necesitan algo?

Vaya, empezamos tratando de obtener una simple definición de la palabra «amigo» y de alguna manera hemos terminado en un debate filosófico en el dormitorio, a las 3 de la mañana, tratando de resolver la naturaleza del altruismo en el universo. Pero todo esto es importante. Es fundamental para conseguir una definición real de lo que es y no es un amigo. De hecho, esta cuestión del altruismo fue la obsesión de Darwin. Decía que era el mayor misterio, y que si no podía resolverlo, temía que su teoría de la selección natural resultara incorrecta.

Y es por eso que tenemos que ir a observar la trágica historia de George Price. Coge pañuelos. Esto va a ser duro...

Capítulo 7

Más que nada en el mundo, George Price quería hacerse un nombre. Quería desesperadamente ser conocido por haber hecho algo que cambiara el mundo. Nadie dudaba de que era brillante. Algunos dudaban de si estaba bien mentalmente, muchos dudaban de si era un buen marido y padre, pero nadie dudaba de su brillantez.

Las habilidades matemáticas y la creatividad de George eran casi inigualables. Y motivado por ese implacable deseo de ser alguien, tenía una ética de trabajo aún más impresionante. Se graduó como Phi Beta Kappa y luego obtuvo un doctorado, terminando su tesis en un esprint de cincuenta y nueve horas sin dormir, drogado con anfetaminas. Mantuvo correspondencia con cinco premios Nobel diferentes, buscando el avance que lo pusiera en el mapa.

Cada vez que sentía que no podía hacer historia en el lugar donde estaba, se trasladaba. Y así, George se convirtió en el «Forrest Gump» de los avances científicos, mudándose seis veces en diez años. Trabajó en el Proyecto Manhattan, ayudando a crear la bomba atómica. Luego pasó a los Laboratorios Bell, donde ayudó a desarrollar el transistor. A continuación se dedicó a la investigación del cáncer. Luego se trasladó de nuevo, inventando prácticamente él solo el diseño asistido por ordenador.

Era un hombre poseído. Y no es una exageración; George no estaba bien mentalmente. Su increíble ambición nacía de una patología. Y así pasó de apenas ver a su esposa e hijos a finalmente abandonarlos. Sus demonios no permitían que nada se interpusiera entre él y la grandeza.

Pero no funcionaba. Había conseguido logros notables en campos dispares, pero nada que estuviera a la altura de su increíble exigencia.

George entró en crisis. Estaba desempleado. Solo. A los cuarenta y cinco años no había visto a sus hijas en más de una década. Pero su tenacidad no cedía. Se mudó de nuevo, esta vez a Londres. Su siguiente área de interés científico redundaría en algo que es mucho más que irónico...

Se interesó por las familias. Quería saber qué es lo que hace que se mantengan unidas. (Siéntete libre de hacer todas las especulaciones freudianas que quieras sobre esto). Y eso le llevó a la gran pregunta del altruismo: ¿Por qué una persona ayuda a otra persona? La obsesión de Darwin de nuevo. Pero, al menos en lo que respecta a las familias, George pudo explicarlo. ¿Por qué arriesgarías tu vida para ayudar a tus hijos? Llevan tus genes. Así que George aplicó sus enormes conocimientos matemáticos a la cuestión y descubrió la fórmula exacta con la que funciona la teoría de la selección natural de Darwin. Nunca había estudiado genética. Y los cálculos le parecían tan sencillos que estaba seguro de que a alguien ya se le habría ocurrido antes.

El University College de Londres tenía el mejor Departamento de Genética del mundo. George se pasó por allí y les mostró su trabajo. Noventa minutos después, le dieron las llaves de un despacho y un puesto de profesor honorario. Lo que había hecho era innovador. Puedes buscar la ecuación de Price en Wikipedia. Todavía hoy se mantiene como un logro importante en la genética y la teoría evolutiva. Y, por azares del destino, esa oficina se encuentra en el lugar donde estaba la casa de Darwin.

George finalmente lo había conseguido. Se hizo un nombre. Logró su sueño. Aquello por lo que lo había sacrificado todo. Pero lo que pensó que era un deseo hecho realidad se convirtió en una maldición. George reflexionó sobre los resultados de su trabajo. Si algo no promueve tu supervivencia y reproducción, sus cálculos muestran que la evolución no te seleccionará por ello. Pero si haces algo porque promueve tu supervivencia y reproducción, no es altruista. George pensó para sí mismo, ¿Acabo de demostrar que no existe la bondad? Si mis cálculos son correctos, el mundo es un lugar terrible. No podía aceptar un mundo como ese. Pero él era un científico que se suponía que rendía devoción a la objetividad. ¿Por qué no podía aceptar que el mundo fuera un lugar egoísta? Como el biógrafo Oren Harman dijo a Radiolab, «Porque había sido muy egoísta durante gran parte de su vida».

Lo que le dio prestigio, por lo que había sacrificado tanto, ahora quería que desapareciera. Que no fuera verdad. Se había sentido culpable por ser tan egoísta, por abandonar a sus pequeñas. Y ahora su trabajo mostraba que el mundo entero era egoísta. Era casi demasiado para él.

George no podía cambiar los cálculos. Pero tal vez podría ser el cambio que deseaba ver en el mundo. Tal vez podría hacer que las matemáticas fueran erróneas, con sus decisiones. Y así, el hombre que había corrido tenazmente por todo el mundo pensando solo en el éxito y la fama, que había abandonado a su mujer y a sus hijas cuando estas lo frenaban, empezó a acercarse a las personas sin hogar en el Soho Square de Londres, diciendo: «Me llamo George. ¿Puedo ayudarlos en algo?».

Les compraba comida. Les daba todo el dinero que tenía. Les dejaba quedarse en su apartamento. Después de una vida de pensar solo en sí mismo, George ahora pensaba solo en los demás. Estaba aprendiendo a amar. Pero estaba yendo demasiado lejos. Sus amigos se preocupaban por él. No estaba bien. Pero su deseo de expiar sus pecados, de luchar contra las matemáticas egoístas del darwinismo que había descubierto, adquirió el mismo fervor mesiánico que su búsqueda de la fama. Sabía que la gente se aprovechaba de él, pero creía que tal vez si lo regalaba todo podría refutar de alguna manera su teorema.

Pero un solo hombre no puede salvar el mundo. No todos esos individuos dejaron la bebida y arreglaron sus vidas gracias a él. George era como un personaje de una película de viajes en el tiempo que lucha por cambiar el futuro pero se da cuenta de que no puede alterar el destino. Cuando se quedó sin dinero, también se convirtió en un sin techo. Pero incluso viviendo en una casa abandonada con otras personas, se dedicó a ayudarlas. Escribió a sus hijas diciéndoles que lo sentía. Hubiera deseado poder empezar de nuevo.

No hay una manera fácil de decir esto, querido lector, así que seré directo: el 6 de enero de 1975, George Price se quitó la vida. Algunos dirán que se hizo un mártir para expiar sus pecados. La respuesta sencilla es que no estaba bien mentalmente. George fue demasiado lejos en muchas áreas. Trágicamente, esta fue una de ellas. Muchos de nosotros diríamos que no queremos vivir en un mundo sin amor, bondad y altruismo, donde la generosidad es solo otra forma de egoísmo. George Price era una de esas personas. Pero la historia no termina ahí...

George sabía, en su interior, que la gente podía ser buena. Tú y yo también lo sabemos. Y finalmente la ciencia nos alcanzó a ti, a mí y a George. No refutaron sus cálculos; la ecuación de Price sigue siendo muy sólida, en genética. Pero los estudios han demostrado que estamos programados para el altruismo desinteresado. Somete a la gente a una resonancia magnética y pídeles que piensen en donar a la caridad, y se encenderán los mismos circuitos que se activan con la comida y el sexo. La ayuda desinteresada está tan arraigada en nosotros como la supervivencia y la procreación. Y cuando los investigadores Knafo y Ebstein estudiaron cuánto estábamos dispuestos a dar, encontraron una fuerte correlación con los genes que codifican los receptores de oxitocina del cerebro. ¿Cómo se traduce esto? En un sentido muy darwiniano, el altruismo está en nuestra genética. No, no es una contradicción; el darwinismo y el altruismo pueden coexistir en armonía.

A la evolución solo le importan las consecuencias, no las intenciones. A la evolución no le importa por qué haces las cosas, solo el resultado final. Supongamos que eres el director general de una empresa y das a todos tus empleados una bonificación de mil dólares. Esto hace que te adoren, por lo que trabajan con más esfuerzo. Los beneficios de la empresa se triplican, eres alguien de éxito y, como resultado, tienes muchos hijos que prosperan. ¿Significa eso que tu acción no fue altruista? Por supuesto que no. Tu intención era ser amable. Nuestras mentes no necesitan estar pensando en «propagar genes» continuamente. Ya hemos hablado de cómo nuestros cerebros tejen historias para dar sentido al mundo. Esas historias, nuestras intenciones, nuestras elecciones, son nuestras.

El 22 de enero de 1975, un grupo diverso se reunió en la capilla del cementerio londinense de St Pancras. Profesores universitarios doctorados en genética de pie al lado de drogadictos. Estaban allí para presentar sus respetos a un hombre que había influido en sus vidas. Uno de los sin techo llevaba un cinturón que le había regalado George.

George Price se quitó la vida porque no estaba bien. Pero sus propias acciones demostraron que un individuo puede ser desinteresado, y elegir hacer cosas para ayudar a los demás aunque él mismo no se vea beneficiado. Las intenciones de George eran buenas. Murió en un intento de servir a los demás y, a su manera, demostró que el altruismo es verdadero.

Pero, ¿cuál es la historia que nuestro cerebro nos cuenta sobre el altruismo? ¿La que nos permite anular nuestros dictados darwinianos fundamentales? Si respondemos a eso, obtendremos nuestra definición de amistad. Y resolveremos el mayor enigma de Darwin. Y George podrá descansar en paz...

* * *

Bien, aquí es donde explico la historia que hay en nuestras cabezas y que anula las leyes de Charlie Darwin. Sí, eso es lo que se supone que debo hacer aquí. No hay duda. Ese es el objetivo... Mira, voy a ser sincero: esto me tenía perplejo. Estaba desesperado por conseguir respuestas, así que empecé a leer un montón de filosofía antigua. Espera, que va a peor. Leí el *Lisis* de Platón, e incluso el gran Sócrates dijo explícitamente que no podía definir la amistad. ¡Uf!

Por fin, he tenido un golpe de suerte. Aristóteles, el alumno del alumno de Sócrates, tenía mucho que decir sobre los amigos. Dedicó el 20 % de su *Ética nicomáquea* al tema. Las relaciones transaccionales basadas en el beneficio no eran verdaderas amistades para Aristóteles. Sin embargo, era un gran fan de los amigos íntimos. E incluso tenía una definición conmovedora de aquello que lo era. Para Aristóteles, los amigos «están dispuestos por el otro como están dispuestos por sí mismos: un amigo es otro yo».

Muy bonito, ¿no? Los tratamos con tanta amabilidad porque son parte de nosotros. Lo que es interesante es que esto también resolvería nuestro embrollo. Tu cerebro es como un abogado astuto, que tergiversa las palabras del contrato de Darwin. El egoísmo puede ser, en realidad, altruismo, si creo que tú eres yo.

Y este concepto de otro yo caló tanto entre la gente que influyó en una enorme cantidad de cultura occidental durante los siguientes dos mil años, hasta el punto de que en mi revisión de la literatura clásica lo vi con tanta frecuencia que creé el juego de beber de Eric, haciendo un brindis cada vez que aparecía «un amigo como otro yo».

Cicerón, alrededor del 50 a. C.: «Porque un verdadero amigo es aquel que es, por así decirlo, un segundo yo». Bebe.

Edith Wharton, en el siglo xix: «Hay un amigo en la vida de cada uno de nosotros que no parece una persona separada, aunque sea querida y amada, sino una expansión, una interpretación de uno mismo». Bebe.

Y como señala Mark Vernon, en el Nuevo Testamento puede que se diga· «Ama a tu prójimo como a ti mismo», pero si se revisa el código Levítico del Antiguo Testamento, se traduce como «Ama a tu amigo como a ti mismo». Sí, el concepto de otro yo está incluso en la Biblia. (Olvídate de echar un trago esta vez; puedes pulirte toda la botella).

Sin embargo, te prometí un libro respaldado por la ciencia. El concepto de Aristóteles es brillante, pero Aristóteles también escribió la insensatez de hacer todos tus sacrificios a Zeus, así que tal vez deberíamos tomarlo un poco con pinzas. (Me puse en contacto con Aristóteles para una entrevista, pero no estaba para hacer comentarios). «Los amigos son otro yo» es perfecto para Instagram, pero por desgracia, no es ciencia. Así que volví a mi actividad de leer un estudio académico friki tras otro...

Pero entonces encontré lo siguiente: «El apoyo a nuestra predicción básica es consistente con la noción de que, en una relación cercana, el otro está "incluido en el yo" en el sentido de que las representaciones cognitivas del yo y de los amigos cercanos se superponen».

La madre que me parió. Aristóteles tenía razón. Y no solo tenía «un poco» de razón o «casi» razón; no solo uno, sino más de sesenta y cinco estudios apoyan la idea de Aristóteles. En psicología se denomina «teoría de la autoexpansión», es decir, que ampliamos la noción de nuestro yo para incluir a las personas cercanas. Una serie de experimentos demostró que cuanto más cerca se está de un amigo, más se difumina la frontera entre ambos. De hecho, confundimos elementos de lo que son ellos con lo que somos nosotros. Cuando se está cerca de un amigo, el cerebro tiene que trabajar más para distinguir a los dos.

El factor decisivo fueron los estudios neurocientíficos en los que se introdujo a las personas en un aparato de resonancia magnética y luego se les hicieron preguntas sobre los amigos. Por supuesto, las áreas del cerebro destinadas a las emociones positivas se iluminaron. ¿Sabes qué más se activó? Las partes del cerebro asociadas al procesamiento propio. Cuando la gente escuchaba los nombres de sus amigos cercanos, su materia gris respondía de la misma manera que cuando escuchaban su propio nombre.

A partir de este trabajo, se desarrolló la Escala IOS («inclusión del otro en el yo»), y era tan potente que la clasificación podía utilizarse para determinar con solidez la estabilidad de la relación. En otras palabras, si se realiza un seguimiento a lo largo del tiempo, las puntuaciones más bajas predicen que la amistad tiene más probabilidades de romperse, y las puntuaciones altas, que es menos probable que se rompa. Además, cuando las amistades con puntuaciones altas en la IOS terminaron, los sujetos eran mucho más propensos a decir cosas como «ya no sé quién soy». Si alguna vez has tenido que acabar una amistad cercana y has sentido que has perdido una parte de ti mismo, pues, en cierto modo, tienes razón.

En 1980, el profesor de Harvard Daniel Wegner dijo que la empatía podría «provenir, en parte, de una confusión básica entre nosotros y los demás». Y con eso, parece que por fin tenemos las definiciones que hemos estado buscando.

- ¿Qué es la empatía? La empatía es aquello que ocurre cuando la línea que te separa del otro se difumina, cuando no puedes discernir dónde terminas tú y dónde empieza la otra persona.
- ¿Qué es la cercanía? La cercanía es aquello que ocurre cuando tu visión de tu «yo» se desplaza y deja espacio para que otra persona también esté allí.
- ¿Qué es un amigo? Un amigo es otro yo. Una parte de ti.

Tengo ganas de decir: «¡Toma eso, Charlie Darwin!». Pero la verdad es que Darwin era como nosotros. ¿Recuerdas que dijo que el problema del altruismo era su mayor desafío? ¿Cómo temía que pudiera refutar su teoría? Bueno, Darwin no podía conciliarlo él mismo, pero su comportamiento mostraba la misma distinción. Darwin hizo grandes cosas y tuvo la friolera de diez hijos. (Bonita manera de probar tu teoría, Charlie). Pero para hacer eso, su cerebro no necesitaba estar pensando «debo propagar mis genes» a todas horas. Eso no era lo importante para él como persona. ¿Qué era, entonces?

Lo creas o no, era la amistad. Darwin escribió unas memorias y describió lo que más afectó a su carrera. ¿Su teoría de la selección natural? No: «Todavía no he mencionado una circunstancia que haya influido más en toda mi carrera que cualquier otra. Fue mi amistad con el profesor Henslow». La teoría de Darwin no tenía mucho que decir sobre la amistad, pero esta desempeñó un papel tan importante en su propia vida como en la nuestra.

Los amigos nos expanden. Nos unen. Y en lo que respecta a nuestro cerebro, las personas que nos importan se convierten realmente en una parte de nosotros. Sí, la teoría de Darwin está activa en nuestra biología, pero nuestros sentimientos son reales. Nuestras intenciones pueden ser puras y nobles. Podemos hacer y hacemos grandes sacrificios altruistas por los amigos, como hizo Hector Cafferata.

Ahora sabemos lo que es la amistad, la cercanía y la empatía. Los amigos son una parte de ti... pero ¿cómo los hacemos? Hay muchos trabajos sobre este tema, sobre todo el texto de Dale Carnegie. Pero, ¿resiste *Cómo ganar amigos e influir sobre las personas* el escrutinio científico? Vamos a averiguarlo. Pero antes de que Dale reciba el tratamiento de «Los cazadores de mitos», tenemos que aprender una o dos lecciones de un grupo muy especial de personas que resultan ser las más amistosas de la Tierra...

Capítulo 8

Puede ser difícil ser madre. Especialmente cuando un motero tatuado de talla extragrande llama a tu puerta buscando a tus hijos adolescentes. Oh, oh. Pero no, no fue para causar problemas. Como informa el *New York Times*, los dos chicos se pusieron en contacto con él con una radio CB, se hicieron amigos y lo invitaron a venir. ¿Otra locura de adolescentes? En realidad, no. Esos gemelos forman parte de un grupo especial de personas: las más amistosas del mundo.

Son un grupo pequeño y poco conocido. Les encanta la gente y son casi infinitamente confiados, con ansiedad social cero. Si conoces a un miembro de este clan, inmediatamente te colmará de cumplidos, preguntas y amabilidad. Y todo es totalmente sincero y de corazón. Como cuenta Jennifer Latson en *The Boy Who Loved Too Much* (El chico que amaba demasiado), estas personas te hacen sentir tan especial que es casi una decepción cuando te das cuenta de que son así con todo el mundo. No, no forman parte de una secta. Y no, no están vendiendo nada. Pero, por supuesto, hay un giro argumental…

El síndrome de Williams es un trastorno genético. Tal vez sea el más adorable de los trastornos. Lo fascinante es que, aunque las personas con esta enfermedad son discapacitadas, también tienen una capacidad sobrehumana en lo que respecta a la amabilidad, la empatía y la socialización.

El síndrome de Williams, que afecta a una de cada diez mil personas en todo el mundo, se produce cuando faltan unos veintiocho genes en el cromosoma siete. Esto provoca cambios en el feto, como una menor estatura, problemas en el tejido conectivo y rasgos faciales únicos.

Desgraciadamente, el síndrome de Williams también provoca discapacidad intelectual. El cociente intelectual medio es de sesenta y nueve. Pero, desde una perspectiva científica, los desafíos mentales son inconsistentes. Los que tienen el síndrome de Williams poseen lo que la literatura considera un «perfil cognitivo desigual». Tienen problemas en algunas áreas, pero superpoderes en otras. Tienen una dificultad extrema con las matemáticas y la resolución de puzles, pero si les haces una pregunta, te encontrarás con un narrador increíble que utiliza un lenguaje rico y emotivo. Su rendimiento en tareas abstractas y espaciales es pésimo, pero sobresalen en lo verbal, lo emocional e incluso lo musical.

Cuando los científicos buscaron la causa de la asimetría de los déficits, obtuvieron mucho más de lo que esperaban. Se dieron cuenta de que no solo estaban estudiando una disfunción médica, sino que empezaban a descifrar el código de la bondad humana. Las resonancias magnéticas mostraron que las personas con el síndrome de Williams tienen «una menor reactividad de la amígdala en respuesta a los estímulos socialmente aterradores». En un idioma comprensible: las personas con síndrome de Williams nunca ven la antipatía en el rostro ajeno. Tú y yo somos prudentes, o incluso temerosos, ante los extraños. Para las personas con Williams, no hay extraños: solo amigos que aún no han conocido.

Pero, ¿qué hizo que sus cerebros se desarrollaran de forma tan diferente? Dado que se trata de un trastorno genético, los investigadores buscaron en el ADN estos genes «superamigables». Y los encontraron. El GTF2I y el GTF2IRD1 modulan la oxitocina, esa hormona del vínculo afectivo de la que tanto se habla. En el síndrome de Williams, estos genes producen oxitocina en exceso. Si alguna vez has sentido esa oleada de amor maternal o paternal, o has tenido una experiencia con la droga éxtasis, has sentido algo parecido a lo que es casi cada encuentro social para alguien con el síndrome de Williams.

Pero las reflexiones no se detienen ahí. Piensa en los rasgos de los que hablamos: siempre feliz de ver a los demás, deseoso de complacer, infinitamente indulgente e irradiando un profundo amor por los demás que es incuestionablemente sincero. Esas son todas las cualidades que nos hacen apreciar, bueno… a los cachorros. Y si tú has pensado en eso, te mereces un doctorado honorífico en Genética. Porque los mismos genes que nos separan de los que tienen Williams son los que distinguen a los lobos del mejor amigo del hombre. Y esto podría explicar por qué tú y yo podemos tener miedo u hostilidad hacia los extraños fuera de nuestra «manada», mientras que dos gemelos con síndrome de Williams hablarán con un Ángel del Infierno por una radio CB y lo invitarán a su casa.

Alysson Muotri, profesora de Pediatría de la Facultad de Medicina de la Universidad de California en San Diego, ha estudiado el síndrome de Williams: «Me fascinó ver cómo un defecto genético, una pequeña supresión en uno de nuestros cromosomas, podía hacernos más amables, más empáticos y más capaces de aceptar nuestras diferencias». No es nada exagerado decir que las personas con el síndrome de Williams poseen las cualidades a las que la mayoría de las religiones nos instan a aspirar: un amor generoso y desinteresado por todo el mundo. Latson escribe: «Las personas con Williams no tienen que aprender la Regla de oro; no hay que enseñarles la igualdad o la inclusión. Nacen practicando estos principios».

Un estudio de 2010 examinó el racismo entre los niños con Williams. ¿El resultado? No muestran ninguno. Cero, nada, *niente, nothing.* Y esto es aún más sorprendente porque casi todos los niños, a la edad de tres años, muestran una preferencia por su propia raza. Los niños con síndrome de Williams son, de hecho, los únicos que no muestran ningún prejuicio racial.

Todos estos rasgos prosociales y altruistas llevaron a Karen Levine, psicóloga del desarrollo de la Facultad de Medicina de Harvard, a proponer medio en broma que somos nosotros los que tenemos el trastorno. Lo llama TROUS: «The Rest of Us Syndrome» (El síndrome del resto de nosotros). Los síntomas incluyen ocultar nuestras emociones, no tratar a los extraños como amigos y una falta monumental de abrazos.

En todo caso, los que tienen el síndrome de Williams son demasiado confiados. A menudo se aprovechan de ellos. Es como si no tuvieran un sistema inmunológico social que los defienda. Esto supone un problema para los padres de niños con el síndrome de Williams.

Si bien un niño tan amigable es algo hermoso, que se suba felizmente a un coche con extraños no lo es. A estos niños hay que enseñarles a desconfiar de los demás, pero las lecciones rara vez perduran.

No está en su naturaleza. Y aunque tales amenazas hacen que la crianza de un niño con síndrome de Williams sea a veces un desafío extremo, Latson señala el lado positivo: ¿Qué madre no quiere un niño que le diga sinceramente que la quiere al menos una docena de veces al día, haga lo que haga?

Tal vez la gente con síndrome de Williams es la forma que tiene la naturaleza de disculparse por la existencia de los sociópatas. Así es como lo ve el profesor de la Escuela de Medicina de Stanford, Robert Sapolsky: «Los Williams tienen gran interés pero poca competencia. ¿Pero qué pasa con una persona que tiene competencia pero no calidez, deseo o empatía? Eso es un sociópata. Los sociópatas tienen una gran teoría de la mente. Pero no les importa nada».

Sin embargo, ese interés sin competencia conduce a una ironía que parte el corazón de las personas con el síndrome de Williams: anhelan una conexión real, pero a menudo son incapaces de conseguirla. Su deseo social no se corresponde con su capacidad social. No logran procesar muchas señales sociales básicas. Hacen preguntas repetitivas y a menudo son demasiado impulsivos para esperar las respuestas antes de hacer otra. No tienen miedo de iniciar relaciones, pero carecen de la capacidad de profundizarlas y mantenerlas. Aproximadamente el 80 % de los niños con síndrome de Williams sienten que les faltan amigos o que tienen dificultades con ellos. Son el niño dulce con el que todo el mundo es amable… pero al que nadie invita a las fiestas de cumpleaños.

Y desde la perspectiva de la felicidad, el «proceso cognitivo desigual» que les da superpoderes puede ser, en realidad, peor que tener déficits más graves. Es una tragedia cruel saber que se tiene un problema, pero carecer siempre de la capacidad para resolverlo. Ver a otros conseguir amigos, parejas y, finalmente, hijos, pero experimentar solo la frustración y la soledad. Como dijo el escritor científico David Dobbs sobre los que tienen Williams: «No sienten a nadie como a un extraño, pero tienen pocos amigos».

¿Entonces, qué pasa cuando tus gemelos con síndrome de Williams invitan a ese motorista y lo tienes en tu puerta? Dobbs contó esta historia real en el *New York Times*. Pues bien, acoges a regañadientes al Sr. Ángel del Infierno durante un rato. Y queda tan prendado de los dos chicos más sociables y simpáticos que ha conocido que te pide que los lleves a su club de moteros para que conozcan a su pandilla. Lo cual es lo mejor que tus hijos podrían esperar. Así que dices que sí. Y ese día tienes miedo porque la sede del club parece la sala de espera de una oficina de libertad condicional. Pero tus hijos no podrían estar más emocionados: ¡Mira toda esta gente, mamá! Y se presentan. Hablan de lo mucho que les gustan las conversaciones. De cómo sufren el acoso escolar. De lo confuso que es el mundo para ellos a veces. Y cómo tienen que luchar para hacer un amigo de verdad. Tienes miedo de que los moteros se aburran o se enfaden, pero eso no es lo que ocurrió ese día…

La madre en cuestión se volvió para mirar al público y lo que vio fue una sala llena de enormes hombres tatuados que se secaban las lágrimas.

Y pase lo que pase hoy, mañana la gente con Williams seguirán queriéndonos a todos, representando sin temor las mejores partes de la humanidad.

Muchos de nosotros hemos tenido momentos en nuestra vida que podríamos identificar con aspectos del síndrome de Williams. Nos cuesta hacer y mantener amistades fuertes, a pesar de ser amables y simpáticos. Y cuando no funciona, nos preguntamos qué hemos hecho mal. O si el problema somos nosotros.

Pero las pugnas de los que tienen el síndrome de Williams, en realidad, contienen el secreto que necesitamos para formar esas verdaderas amistades sobre las que escribió Aristóteles…

* * *

Cuando se trata de hacer amigos, lo más parecido que tenemos a los poderes mágicos del síndrome de Williams parece ser el trabajo de Dale Carnegie. Desde que se publicó por primera vez en 1936, *Cómo ganar amigos e influir sobre las personas* ha vendido más de treinta millones de ejemplares, y casi un siglo después sigue vendiendo más de un cuarto de millón de ejemplares cada año. El texto de Carnegie intercala historias con información sobre cómo ser mejor con la gente y, obviamente, no tiene ningún tipo de parecido con el libro que estás leyendo ahora.

¿Qué recomienda Dale? Anima a la gente a escuchar, a interesarse por los demás, a hablarles desde su punto de vista, a halagar sinceramente a otros, a buscar similitudes, a evitar el conflicto y a muchas otras cosas que parecen obvias, pero que todos olvidamos hacer habitualmente. Sin embargo, el libro de Carnegie fue escrito antes de la aparición de la mayoría de las investigaciones formales en este campo y es, en gran medida, anecdótico. ¿Se ajustan sus consejos a las ciencias sociales modernas?

Sorprendentemente, sí. Como señala Hruschka, de la ASU, la mayoría de las técnicas fundamentales de Carnegie han sido validadas por numerosos experimentos. Uno de sus métodos (que ha demostrado promover la sensación de «otro yo») es la búsqueda de similitudes. ¿Has visto alguna vez a alguien que se lastima físicamente y te has estremecido empáticamente? Los estudios de resonancia magnética realizados por el neurocientífico David Eagleman demuestran que el dolor empático aumenta cuando percibimos a la víctima como similar a nosotros mismos, aunque la agrupación sea arbitraria. El científico social Jonathan Haidt comenta: «No sentimos tanta empatía por quienes vemos como a "otros"».

Dicho esto, el bueno de Dale se equivocó en una cosa. El octavo principio de su libro dice: «Intenta, honestamente, ver las cosas desde el punto de vista de la otra persona». ¿Recuerdas que en la sección 1 explicamos lo mal que se nos da leer la mente de los demás? Sí, exactamente. Nicholas Epley probó la sugerencia de Dale y no tiene pelos en la lengua a la hora de decir que: «Nunca hemos encontrado ninguna prueba de que cambiar de perspectiva —ponerse en el lugar de otra persona e imaginar el mundo a través de sus ojos— aumente la precisión en estos juicios». No solo no es efectivo, sino que en realidad hace que te relaciones peor con ellos. Lo siento, Dale.

Pero solo se equivocó en esa cuestión. En su defensa, millones de personas han utilizado sus técnicas con gran éxito, incluyendo gente famosa como... Charles Manson. Y esto nos lleva al problema más relevante de las técnicas de Carnegie: no es que no sean científicas, sino que pueden ser manipulativas y conducir a amistades superficiales, del tipo que no le gustaba a Aristóteles. (Cuenta atrás para la demanda de los herederos de Carnegie: cinco, cuatro, tres...).

El libro de Carnegie es estupendo para las primeras etapas de las relaciones, es excelente para las relaciones transaccionales con los contactos por negocios... pero también es un maravilloso libro de instrucciones para los estafadores. No se centra en la construcción de «otro yo» ni en el desarrollo de la intimidad a largo plazo: se trata mucho más de aprovecharse de las personas. Carnegie utiliza con frecuencia frases como «ingeniería humana» y «hacer que la gente esté contenta de hacer lo que quieres». Para ser justos, Carnegie dice repetidamente que hay que tener buenas intenciones, pero esto suena a hueco. El sociólogo Robert Bellah escribió: «Para Carnegie, la amistad era una herramienta profesional para los empresarios, un instrumento de la voluntad en una sociedad inherentemente competitiva». Si buscas un hermano o hermana en otra persona, esto no lo vas a conseguir. Es el equivalente a utilizar un libro titulado *Cómo ligar* para navegar por los altibajos de un matrimonio de varias décadas.

Entonces, ¿qué es lo que produce amistades fuertes, de estas de las de «otro yo»? Esto nos lleva a un área de estudio académica llamada «teoría de señales». Digamos que te digo que soy un tipo duro. ¿Me crees? Por otro lado, digamos que ves el cinturón de campeón de los pesos pesados de la UFC enrollado en mi cintura al final de un combate televisado. ¿Qué te convencería más de que no soy un tipo con el que quieras meterte?

Una señal «costosa» es una señal más poderosa. Decir que soy un tipo duro es fácil. Fingir un evento de la UFC en directo ante una multitud de miles de personas es mucho más difícil. Operamos basándonos en la teoría de señales todo el tiempo; solo que rara vez somos conscientes de ello. Carnegie nos enseña señales de amistad, pero no son costosas. Por eso como lector nos gustan; son fáciles de hacer. Y también por eso les gustan a los estafadores; son fáciles de fingir. Decir «estaré ahí para lo que necesites» es una cosa. Aparecer y quedarte un día entero para ayudar a mudarte es una señal mucho más costosa y poderosa. ¿Cuál de ellas te convencería de que soy un amigo de verdad?

Entonces, ¿qué señales costosas queremos mostrar (y buscar) cuando se trata de verdaderos amigos? Los expertos coinciden firmemente en dos, la primera de las cuales es el tiempo. ¿Por qué el tiempo es tan poderoso? Porque es escaso, y escaso = costoso. ¿Quieres hacer que alguien se sienta especial? Haz algo por él que no puedas hacer por otros. Si te doy una hora de mi tiempo cada día, no puedo hacer eso por más de veinticuatro personas. No puedo. Fin de la discusión. Gracias por llamar.

Como ya hemos comentado, la amistad supera a otras relaciones en términos de felicidad, pero ¿qué es lo que hace esa magia? Melikşah Demır, de la Universidad del Norte de Arizona, dice que es el compañerismo: simplemente pasar tiempo juntos. Y, de forma poco sorprendente, ¿qué dicen los estudios que es la causa más común de conflicto en las amistades? Una vez más, el tiempo. No se puede evitar: el tiempo es fundamental.

Entonces, ¿cómo podemos dedicar más tiempo a los amigos en la edad adulta? La clave está en los rituales. Piensa en las personas con las que te mantienes al día, y probablemente encontrarás un ritual, consciente o no, por detrás. «Hablamos todos los domingos» o «hacemos ejercicio juntos». Repite eso. Funciona. Encuentra algo que hacer juntos de forma consistente. Una investigación de Notre Dame, que analizó más de ocho millones de llamadas telefónicas, demostró que el contacto entre dos personas que se produce cada dos semanas es un buen objetivo al que aspirar. Si se alcanza esa frecuencia mínima, es más probable que las amistades persistan.

Pero hacer nuevos amigos puede requerir aún más tiempo. Ese proceso puede ser más lento que el de Internet en los aviones, lo cual es una de las razones por las que se nos da tan mal a medida que envejecemos. ¿Cuánto tiempo? ¿Estás sentado? La investigación de Jeff Hall descubrió que se necesitaban hasta sesenta horas para desarrollar una ligera amistad, a veces cien horas para llegar al estatus de «amigo» de pleno derecho, y doscientas o más horas para desbloquear el logro de «mejor amigo» del que tanto se presume. A veces más, a veces menos, pero en cualquier caso, caray, es mucho tiempo.

Pero eso es solo una parte de la ecuación. Hall también descubrió que la forma de hablar de la gente era importante. Todos nos hemos topado con ese muro con un posible amigo en el que las charlas triviales empiezan a girar en círculos. Parece que no puedes pasar al siguiente nivel. Y ese es uno de los problemas de la obra de Carnegie: las sonrisas y los movimientos de cabeza solo llegan hasta aquí. ¿Quieres hacer buenos amigos sin pasar decenas de horas con ello? Puedes hacerlo, pero Carnegie no te llevará hasta allí. Arthur Aron (que desarrolló la Escala IOS) consiguió que extraños se sintieran amigos para toda la vida en solo cuarenta y cinco minutos. ¿Cómo? Bueno, eso nos lleva a nuestra segunda señal costosa: la vulnerabilidad.

Es irónico: cuando conocemos a gente nueva, a menudo intentamos impresionarla, y esto puede ser una idea terrible. A través de una serie de seis estudios, los investigadores descubrieron que recalcar un estatus elevado no ayuda a las nuevas amistades, sino que las perjudica. De nuevo, puede ser bueno para las transacciones comerciales o para transmitir liderazgo, pero hace que encontrar «otro yo» sea mucho más difícil.

Últimamente se habla mucho de la vulnerabilidad, pero la mayoría de nosotros asentimos con la cabeza y volvemos a intentar parecer perfectos. ¿Por qué? Porque da mucho miedo exponerse. Podrían burlarse de ti o rechazarte, o la información podría ser utilizada en tu contra. La vulnerabilidad nos hace recordar los peores escenarios del instituto. (En la tribu kunyi del Congo, se dice que revelar demasiado de uno mismo hace que seas más susceptible a la brujería, así que quizás abrirse es aún más peligroso de lo que pensabas). Sabemos que es arriesgado. Estudios a gran escala realizados por el sociólogo de Harvard Mario Luis Small demostraron que a menudo somos más propensos a contar detalles muy personales a extraños antes que a amigos cercanos.

No queremos que la gente horrible se aproveche de nuestras debilidades, pero la ironía es que es de nuestras debilidades de donde surge la confianza. En un artículo titulado «¿Podemos confiar en la confianza?» Diego Gambetta escribió: «La concesión de confianza... puede generar el mismo comportamiento que podría parecer lógicamente su condición previa». En otras palabras, la confianza genera confianza. El peligro de que se aprovechen de ti crea el valor inherente a la confianza, dándole su poder. ¿Cómo demuestras que eres digno de confianza? Confiando en otra persona. Y entonces, a menudo, la confianza en ti genera la confianza en ellos.

La vulnerabilidad le dice a la gente que forma parte de un club exclusivo. Que son especiales para ti. Aron descubrió que sincerarse ayuda directamente a producir «otro yo». Y así es cómo consiguió que la gente se convirtiera en mejores amigos en cuarenta y cinco minutos. (Si quieres ver las preguntas que Aron utilizó para producir amistades cercanas tan rápidamente, las he publicado aquí: https://www.bakadesuyo.com/aron).

La vulnerabilidad no solo es eficaz, sino que además no es tan peligrosa como crees. La psicología ha documentado el «efecto del hermoso desorden», es decir, que sobrestimamos sistemáticamente la percepción negativa de nuestros errores. Creemos que nos verán como a un imbécil y nos exiliarán a un pueblo lejano, pero cuando se les pregunta, la mayoría de la gente ve la metedura de pata ocasional como algo positivo. Uno comete un error y le aterra que lo consideren inadecuado. Pero cuando otros cometen el mismo error, rara vez los juzgas tanto, y a menudo te acercan a esa persona.

¿Cuál es la mejor manera de sumergirse en la piscina de la vulnerabilidad? Bueno, ahí va: soy un hombre de cuarenta y tantos años que se queda embobado con fotos de cachorros en Instagram y de vez en cuando les habla como a un bebé. Sí, escribo libros inteligentes y pretenciosos sobre ciencia y les hablo a las fotos de cachorros en Instagram. ¿Te gusto menos o más? ¿Confías menos o más en mí?

Así que la próxima vez que estés con alguien que te importa, o con alguien con quien quieras profundizar tu amistad, sigue La Regla del

Miedo™: Si te da miedo, dilo. No hace falta que vayas a tope todavía. No confieses ningún asesinato en la cena de Navidad. Empieza despacio y ve aumentando. Extiende los límites de aquello que estás dispuesto a admitir sobre ti mismo y, del mismo modo, haz preguntas más personales de las que normalmente te sentirías cómodo haciendo. Y cuando tu amigo admita cosas que lo hagan vulnerable, no te eches atrás ni grites: «¡¿Que has hecho qué?!». Acéptalas. Entonces, dice Daniel Hruschka, «sube la apuesta». Mientras te sientas emocionalmente seguro y tengas una acogida positiva, comparte más. Así es como construyes «otro yo».

¿Sigues dudando de si abrirte o no? Entonces deja que te ponga una pistola metafórica en la cabeza: no ser vulnerable mata las amistades. Ese mismo estudio que habla sobre el número de horas necesarias para hacer un amigo, demostró que una mayor cantidad de conversaciones triviales en una amistad producía una disminución de la cercanía. Ah, y no ser abierto y vulnerable no solo mata a las amistades, también puede matarte a ti. El profesor de la Universidad de Pensilvania, Robert Garfield, señala que no abrirse prolonga las enfermedades leves, aumenta la probabilidad de sufrir un primer ataque al corazón y duplica la posibilidad de que sea letal.

Todavía no sabemos al cien por cien cómo debe interpretarse esa máxima de «la amistad en la necesidad», pero estamos mucho más cerca de ver cómo funciona y cómo ponerlo en práctica. Guárdate un rato, comparte tus ideas con vulnerabilidad y sube la apuesta. Si todo va bien, ellos harán lo mismo. Esto nos aleja de las relaciones transaccionales.

Una vez establecida la confianza, podemos ignorar los costes en mayor medida, al igual que ellos. No te preocupes por la importancia del favor ni por lo que han hecho por ti últimamente: eso ya lo has superado. Ahora solo tienes que hacerte una pregunta: «¿Es un amigo?». Y si lo es, lo ayudas.

Sí, puede dar miedo. Y mucha gente utiliza el libro de Carnegie con intenciones manipuladoras. Hay gente mala en este mundo. Como los narcisistas. Pero si queremos llegar a la verdadera amistad, vamos a tener que nadar en las mismas aguas que la gente mala.

¿Cómo podemos tratar con ellos de forma segura, e incluso hacer que sean mejores personas? Se puede aprender una poderosa lección sobre cómo hacerlo leyendo una historia sobre el grupo de personas que han definido el «mal» de la forma más clara en el mundo moderno...

Capítulo 9

Su madre siempre había dicho que las personas eran complejas. Pero Danny no se la creía mucho, y desde luego no lo preparó para lo que ocurrió aquella noche de 1941.

Los nazis habían ocupado Francia en 1940 y habían establecido un toque de queda a las 6 de la tarde. Pero esa noche, Danny, de siete años, se había quedado hasta demasiado tarde en casa de un amigo. Caminando rápidamente hacia su casa, asustado, le dio la vuelta a su jersey. Quería ocultar la estrella de David amarilla que indicaba que era judío.

Por suerte, las calles estaban vacías. Parecía seguro. Ya casi estaba en casa. Pero entonces vio a un hombre. Un soldado alemán. Y no cualquier soldado alemán. Este hombre llevaba el uniforme negro de las SS, el tipo de uniforme que le habían dicho a Danny que debía temer más que cualquier otro. Y cuando tienes siete años, te tomas ese consejo a pecho.

Ya casi estaba en casa. Tal vez podría esconderse, tal vez no sería visto… Pero entonces los dos hicieron contacto visual. Un momento de lo más aterrador. Era después del toque de queda. Era judío. Y lo estaba ocultando. Esto. No. Era. Bueno.

El oficial de las SS le hizo una señal. Un nudo del tamaño de un planeta se formó en la garganta de Danny mientras obedecía. Esperaba que el soldado no se diera cuenta del jersey. Danny se acercó. Y fue entonces cuando el nazi se movió, bruscamente, agarrándolo…

Y lo abrazó. Fue un abrazo tan profundo y tan firme que levantó al niño de siete años del suelo. Al principio, Danny ni siquiera reaccionó, apenas lo notó, su cerebro solo pensaba: «No te fijes en la estrella, no te fijes en la estrella» continuamente.

El nazi lo bajó y comenzó a hablar emocionalmente en alemán. ¿Tenía lágrimas en los ojos? De su cartera sacó una foto de un niño pequeño y se la mostró a Danny. El mensaje era obvio: la personificación del mal tenía un hijo de la edad de Danny. Y lo echaba de menos desesperadamente.

El nazi le dio a Danny algo de dinero y le sonrió. Y luego se fueron por caminos distintos.

Este hombre que era capaz de hacer las cosas más horribles, que representa el mal mejor que cualquier otra cosa que conozcamos hoy en día, todavía tenía amor compartimentado en su interior. Y ver a Danny, y que le recordara a su propio hijo, lo sacó a la luz. La madre de Danny tenía razón: las personas eran infinitamente complejas.

Esa breve y aterradora lección sobre la complejidad de la naturaleza humana marcaría el resto de la vida de Danny. Se doctoró en Psicología. Se centró en la aparente irracionalidad del comportamiento humano. Se convirtió en profesor en la Universidad de Princeton. Y Daniel Kahneman contó esa historia de la noche con el nazi en el discurso que te piden hacer cuando te conceden el Premio Nobel.

Hay un secreto oculto en la bondad que apareció aquella noche. Algo que ninguno de los dos entendió en ese momento y que la ciencia ha descubierto recientemente: que puede haber una forma de sacar lo bueno de las personas «malas».

* * *

Los datos demuestran que, en término medio, por cada diez amigos que ganes, tendrás también un nuevo enemigo. Ah, y la vieja expresión «el enemigo de mi enemigo es mi amigo» no es cierta. Nicholas Christakis y James Fowler descubrieron que los imbéciles cabrones que te amargan la vida tienen sus propios imbéciles, y que sus cabrones también son bastante imbéciles. Pero a menos que seas Batman hablando del Joker, un enemigo generalmente no es la persona más problemática de tu vida. Entonces, ¿quién lo es?

Los «amienemigos» son a menudo peores que los enemigos. Julianne Holt-Lunstad, profesora de Psicología de la BYU, descubrió que los amienemigos (la denominación formal es «relaciones ambivalentes») aumentan la ansiedad y ponen la tensión arterial por las nubes, incluso más que los verdaderos enemigos. ¿Por qué los amienemigos son más estresantes que los enemigos? Por la imprevisibilidad. Sabes qué esperar de los enemigos y de los amigos que te apoyan, pero con los ambivalentes siempre estás expuesto. Y esa es la razón por la que Holt-Lunstad descubrió que el número de amienemigos se correlaciona con la depresión y las enfermedades cardiacas a lo largo del tiempo. Pero, ¿realmente eso hace que los amienemigos sean peores que los enemigos? Sí, porque, lo creas o no, los amigos ambivalentes constituyen la mitad de nuestras relaciones. Y los estudios revelan que no los vemos con menos frecuencia que a los amigos de verdad.

Ahora bien, a veces los amienemigos son simplemente personas con las que no «congeniamos», pero otras veces es porque son narcisistas. Como bromeó el físico Bernard Bailey: «Cuando descubran el centro del universo, mucha gente se sentirá decepcionada al descubrir que ellos no lo son». ¿Qué diablos le pasa a esta gente? Bueno, en realidad encaja sorprendentemente bien en nuestro paradigma aristotélico. Los narcisistas no incluyen a los demás en su «yo», al menos no mucho ni a menudo. El narcisismo se produce cuando dejas de intentar calmar tus inseguridades apoyándote en la gente y, en cambio, recurres a un yo imaginario en el que eres superior.

Todos tenemos vidas de fantasía en las que somos ricos, increíbles y admirados. Eso es humano. Y todos tenemos sueños en los que nuestros enemigos son aplastados bajo nuestros pies, humillados en la plaza del pueblo y torturados sin piedad hasta… Vale, tal vez eso solo sea yo. Como señala el Dr. Craig Malkin, la diferencia es que nosotros disfrutamos de nuestros sueños, pero los narcisistas son adictos a sus sueños. La mayoría de nosotros encontramos la fuerza en los demás; ellos solo la encuentran en sí mismos. No hay «otro yo» Y esa falta de empatía es fundamental para el trastorno. Para los narcisistas, «llevar la delantera es más importante que llevarse bien». ¿Y en cuanto a lo de «la amistad en la necesidad»? Para un narcisista, un amigo necesitado es simplemente una persona débil.

Entonces, ¿cuál es la mejor manera de tratar con un narcisista? La respuesta es sencilla: no lo hagas. Di «bip-bip» y sal corriendo al estilo Correcaminos, tan rápido como puedas. La primera recomendación de los profesionales es consistente; solo que normalmente no queremos hacerlo. ¿Pero qué pasa si el «no contacto» no es una opción? ¿O realmente crees que este amienemigo puede ser redimido?

Si tienen un trastorno de la personalidad narcisista en toda regla, olvídalo. Antes de intentar cambiar a un narcisista clínico te diría que te hicieras tu propia apendicectomía. ¿Sabes cómo funciona la terapia con ellos? A menudo un enorme y precioso «mal». Frecuentemente tienen un «resultado negativo del tratamiento» y empeoran. Está bien documentado que la «contratransferencia» es un gran problema en la terapia con narcisistas. Traducción: incluso manipulan a los profesionales que intentan tratarlos. Y lo que tendrás que hacer para enfrentarte a ellos te perjudicará para otras relaciones.

Pero si son subclínicos, hay una oportunidad. Vamos a utilizar lo que se llama «detonantes de empatía». Los narcisistas tienen problemas con la empatía, pero la investigación muestra que no es porque tengan cero empatía; es más bien que su músculo de la empatía es débil. Más de una docena de estudios muestran que es posible activar ese músculo débil en los narcisistas de nivel bajo y, con el tiempo, fortalecerlo. Pero es importante recordar que lo que estamos haciendo es emocional, no cognitivo. Si le niegas con la cabeza a un narcisista, diciéndole lo que ha hecho mal y lo que tú quieres, solo le estás instruyendo sobre cómo manipularte más eficazmente. El objetivo es meterte emocionalmente en su identidad como «otro yo». Esto implica un sentimiento crítico, no un pensamiento crítico.

Lo bueno es que los detonantes de empatía son tanto una prueba de fuego como un tratamiento. Si el narcisista no responde, probablemente haya sobrepasado el umbral clínico. (El siguiente paso requiere ajo y una estaca en el corazón). Pero si los afecta, puedes ayudarlos a mejorar.

Entonces, ¿cómo podemos sacar lo mejor de las personas «malas»? Atacaremos desde tres ángulos.

1. HACER HINCAPIÉ EN LA SIMILITUD

Sí, tal y como hablamos con lo de Dale Carnegie. El estudio «Attenuating the Link Between Threatened Egotism and Aggression» (Atenuando el vínculo entre el egotismo amenazado y la agresión) descubrió que este ángulo aumenta directamente la sensación de «otro yo». Enfatizar la similitud tiene un mayor efecto en los narcisistas que en los no narcisistas. ¿Por qué? Porque hay una llave de judo psicológico muy inteligente integrada en esta perspectiva. Los investigadores escribieron: «Esta manipulación también se centraría en la debilidad de los narcisistas: el amor a sí mismos. Los narcisistas se aman a sí mismos, y si otra persona es como ellos, ¿cómo pueden herir a esa otra persona?». ¿Y el resultado? «La agresión narcisista se atenuó completamente, incluso bajo la amenaza de salir perjudicado, cuando los participantes creían que compartían una similitud clave con su pareja». Y tampoco hace falta mucho. El mero hecho de decirle a un narcisista que compartían la fecha de nacimiento o el mismo tipo de huella dactilar tuvo efecto. ¿Sabías que ambos tenemos el grupo sanguíneo 0+? Tal vez quieras dejar de apuñalarme por la espalda, ahora. (No, mejor no digas eso).

2. HACER HINCAPIÉ EN LA VULNERABILIDAD

Una vez más, volvemos a nuestros principios fundamentales. Hay que tener cuidado con eso, porque la debilidad puede hacer que un predador se abalance sobre ti. Pero eso es también lo que hace que esta sea una buena prueba de fuego: si se mueven para aprovecharse de ti, puede que estén demasiado lejos. Si se ablandan, hay esperanza. Dos puntos críticos a la hora de ejecutar esto: expresar la importancia de la relación para ti y revelar tus sentimientos. Mostrar enfado será contraproducente, pero la decepción es sorprendentemente eficaz.

La próxima vez que el imbécil diga algo ofensivo, responde: «Eso ha herido mis sentimientos. ¿Es lo que pretendías?». Si se los puede salvar, darán marcha atrás.

3. HACER HINCAPIÉ EN LA COMUNIDAD

Al igual que la similitud, este método es más potente con los narcisistas que con la gente normal. Los investigadores lo comparan con el alcohol: si no eres un bebedor habitual, la bebida te afecta mucho. Y el narcisista no está acostumbrado a la empatía, por lo que cuando golpea, puede hacerlo mucho más fuerte. Recuérdale la familia, la amistad y las conexiones que tenéis. En su configuración por defecto no está la empatía, así que solo tienes que volver a ponerla en marcha. Y si obtienes una respuesta positiva con alguno de ellos, sigue una lección del adiestramiento de perros: el refuerzo positivo. Prémialos por ello.

No van a cambiar de golpe en un gran momento de revelación freudiana. Esto no es una película de Disney, y dar un gran abrazo al Grinch no va a convertirlo instantáneamente en un encanto. Puede ser un proceso laborioso e ingrato, pero puede merecer la pena si se trata de alguien a quien quieres.

Recordar que están sufriendo. Rara vez lo parece, pero lo hacen. Ser un adicto a tus sueños es una maldición. El narcisismo es «altamente comórbido con otros trastornos», que es una forma elegante de decir que estas personas tienen más problemas que la revista *Vogue*. Sufren altos índices de depresión, ansiedad, envidia crónica, perfeccionismo, dificultades en las relaciones y, por último, pero no menos importante, suicidio. Cuando las personas sufren depresión, ansiedad o un trastorno límite de la personalidad, tendemos a sentir compasión por ellas, pero con los narcisistas, solemos decir, simplemente, que son «malos». Eso es como sentir lástima por los enfermos de tuberculosis, pero decir que los que tienen meningitis son unos imbéciles. El narcisismo muestra una heredabilidad del 45-80 %, con al menos dos estudios que apuntan a una base genética. No, tu amienemigo no es amable. Pero es importante recordar que puede no ser su culpa.

Pero, ¿qué podemos hacer si son de nivel clínico y no se puede hacer bip-bip? La última opción son los límites y la negociación. Básicamente, tienes que intentar lo contrario de «otro yo»: una relación totalmente transaccional. En primer lugar, establece los límites. ¿Qué no vas a tolerar más? ¿Y qué harás si violan esos límites? Sé firme y coherente, pero no mezquino. Lo siguiente es negociar. Es el momento «Hagamos un trato». (Ignora ese olor a azufre). Concéntrate en que sea un *win-win* y ganéis todos. Los narcisistas a menudo se prestan a negociar si tienes algo que ellos quieren. Asegúrate de que paguen por adelantado y pon siempre un precio superior al del mercado. Juzga las acciones, no las intenciones. Una última buena jugada que recomienda el psicólogo clínico Albert Bernstein cuando están intentando conseguir algo de forma deshonesta es preguntarles: «¿Qué pensará la gente?». Puede que no se sientan culpables, pero sí sentirán vergüenza, y a los narcisistas les preocupan mucho las apariencias.

La buena noticia es que, si son amigos de por vida, los narcisistas tienden a suavizarse con la edad. Con el paso de los años, la realidad los golpea, las comorbilidades se acumulan o la gente herida que han dejado a su paso se dan cuenta de que hay una oferta de horcas y antorchas en el súper. No quiero invocar aquí la idea del karma, pero muy a menudo reciben su merecido. Pocos pueden mantener sus ilusiones al mismo nivel durante toda la vida.

La ironía es que los narcisistas son tan engreídos que ni siquiera tienen autoconsciencia. Un ejemplo: Tania Singer era una importante académica que acosaba a todos los que la rodeaban, incluso a las mujeres embarazadas de su laboratorio. Pero finalmente su reputación la alcanzó. ¿Qué estudiaba Tania Singer? Era la principal investigadora de la empatía.

Muy bien, ya hemos hablado de los amienemigos. Ya es casi el momento de valorarlo todo y obtener nuestro veredicto final sobre la máxima de «la amistad en la necesidad». Pero primero tenemos que ver cuán extremo puede ser el poder de la amistad...

Capítulo 10

Los dos hombres no podían ser más diferentes: un pornógrafo y un predicador.

En los años 70, Larry Flynt construyó un imperio del porno en toda regla con la revista *Hustler* como joya de la corona. Para que quede claro, Larry no hacía «erótica», sino porno. La sofisticación de la revista *Playboy* era algo repugnante para él. Era engañador. Su mal gusto era absoluto y a menudo tenía un comportamiento histérico. Flynt era explosivo, y satirizaba a la autoridad con excentricidades, trucos publicitarios y caos. No estaba exento de principios, Flynt se adelantó a su tiempo al apoyar el aborto, los derechos de los homosexuales y las minorías y, sobre todo, la libertad de expresión. Después de que la revista *Hustler* publicara fotos de sexo interracial, Flynt fue tiroteado por un supremacista blanco y confinado en una silla de ruedas.

Y si Flynt fue el emblema de los salvajes años 70, Jerry Falwell no podría haber representado mejor la corriente principal de los años 50. El teleevangelista lideró el surgimiento de la derecha religiosa en Estados Unidos como una fuerza política que cabía tener en cuenta, ayudando a la elección de Ronald Reagan. Sus posturas abiertamente conservadoras defendían los valores tradicionales y condenaban lo que él consideraba el colapso de la moralidad en los años setenta. Su grupo de presión, la Mayoría Moral, arremetió contra el aborto, la homosexualidad, la Enmienda de Igualdad de Derechos y, por supuesto, la pornografía.

A lo largo de los años 70 y 80, Falwell atacó públicamente a Flynt como símbolo de todo lo que estaba mal en el país. Y Flynt se estaba cansando de ser calumniado por alguien a quien consideraba un charlatán hipócrita. Las reuniones editoriales de la revista *Hustler* siempre habían comenzado preguntando «¿A quién no hemos ofendido este mes?».

Y como a su último objetivo, Flynt seleccionó nada menos que a Falwell. La revista publicó un «anuncio» satírico de licores en el que Falwell hablaba de haber perdido la virginidad. En un retrete de Virginia. Con su madre.

Larry solo pensó que le tocaba devolver el golpe en el debate en curso. No creyó que fuera tan importante. Pero Falwell sí lo hizo. Acusó a Flynt de difamación y de ansiedad, y en octubre de 1983 Falwell lo demandó... por cuarenta y cinco millones de dólares. La guerra «fría» se había vuelto nuclear.

Falwell lo vio como nada menos que una batalla entre el bien y el mal. Y él tenía la ventaja. Los tribunales de justicia eran el sitio de lo tradicional, de los cuadrados. Falwell usaría todo el poder del sistema tradicional como garrote para apalear a Flynt, alguien inmoral que había perdido su senda.

¿Cuál fue la reacción de Larry? Bostezar. Tienes que tener en cuenta que no era la primera vez que lo demandaban. Se podría decir que lo hacían todas las semanas. En la película *El escándalo de Larry Flynt*, Flynt le dice a su abogado: «Soy el mejor cliente que un abogado podría soñar. Soy rico, soy divertido y siempre tengo problemas».

Y si bien es cierto que la sala del tribunal jugaba a favor de Falwell, Flynt era un estratega brillante con unas habilidades de provocación que ponían a prueba los límites de la comprensión humana. El juez lo multó y Larry pagó con billetes de un dólar, arrojados al suelo de la sala por una avalancha de prostitutas y estrellas del porno. Cuando el juez lo volvió a multar, lo hizo de nuevo... esta vez pagando en monedas de un céntimo. Si Falwell era un militar formal que utilizaba los tribunales como campo de batalla, Flynt era una guerrilla rebelde, muy versada en la guerra no convencional, y no menos financiada. Y volvió a imprimir pícaramente el anuncio satírico ofensivo en el número de febrero de 1984 de *Hustler*.

Pero Larry perdió el juicio. Sí, se estaba burlando del sistema y acaparaba los titulares con sus payasadas, pero Falwell estaba ganando donde importaba, en los tribunales. La némesis de Larry había ganado. Pero Larry no estaba dispuesto a ceder. Apeló...

Y volvió a perder. Flynt ya había gastado más de dos millones de dólares en el caso. Sus abogados querían abandonar. El guerrero Sun Tzu luchaba ahora cuesta arriba con el sol en los ojos. Pero no podía soportar ceder ante su enemigo jurado. Era una batalla a muerte. Así que el vendedor de pornografía jugó la única carta que le quedaba: apeló al Tribunal Supremo de los Estados Unidos. Y el 20 de marzo de 1987, aceptaron tratar el caso.

Y Flynt ganó. En realidad, no solo ganó; fue una decisión unánime. Si se podía demandar a los satíricos para silenciarlos cada vez que dijeran algo negativo sobre una celebridad, se ponía en peligro la primera enmienda. El caso *Hustler* contra Falwell se enseña ahora de forma rutinaria en las facultades de Derecho y se considera uno de los casos más importantes de libertad de expresión del siglo xx. Pero más importante aún: Flynt derrotó a su enemigo Falwell, y lo hizo de forma espectacular.

Es una historia increíble. Tan asombrosa que fue llevada al cine en 1996, cosechando múltiples nominaciones al Óscar. Y la mayoría de la gente piensa que todo terminó ahí. No fue así...

Después del juicio, Jerry le hizo una visita sorpresa a Larry. Falwell entró levantando las manos y diciendo: «¡Me rindo!». Había venido a enterrar el hacha de guerra. Los dos hablaron durante una hora, y Falwell sugirió que hicieran una serie de debates juntos. Flynt aceptó.

Sobre todo en los campus universitarios, los dos celebraron enfrentamientos por la cuestión de la libertad de expresión. Y, con el tiempo, algo empezó a cambiar entre ellos. No entraban en los auditorios por separado, como lo harían los púgiles. Falwell empujaba la silla de ruedas de Larry.

Sin duda, siempre se estaban pinchando el uno al otro, pero empezó a crecer un respeto entre ellos. Casi una simpatía. Flynt bromeaba diciendo que Jerry era su pastor. Y Falwell le respondía: «¡Y Larry es mi feligrés más rebelde!». El público se reía mucho.

Durante la gira, pasaron mucho tiempo juntos: esa «señal costosa» de la que hemos hablado. Y tanto el pornógrafo como el predicador se dieron cuenta de que eran más parecidos de lo que pensaban. Ambos provenían del sur, uno de Kentucky y el otro de Virginia. El padre de Falwell había tenido un club nocturno y había sido contrabandista. El propio Flynt había tenido varios clubes nocturnos en Ohio y también había sido contrabandista. Se habían enfrentado durante más de cinco años. Flynt dijo: «Estaba en desacuerdo con él en absolutamente todo: los derechos de los homosexuales, el derecho de la mujer a elegir, todo. Pero después de conocerlo, me di cuenta de que era sincero. No buscaba ganar dinero».

Los dos se oponían a todo lo que el otro representaba, se destrozaron mutuamente en los medios de comunicación y gastaron millones en un juicio que se prolongó durante media década. Pero al final resultó que habían sido no enemigos más tiempo del que habían sido enemigos. Durante los años siguientes, cambiaron de opinión sobre, bueno... nada. Pero se dedicaron tiempo el uno al otro. Se desvivían por verse. Falwell se dejaba ver siempre que estaba en California. Cuando uno necesitaba algo, el otro estaba allí. Cuando Falwell tuvo problemas de salud debido a su obesidad, Flynt le recomendó una dieta que le había funcionado. Todos los años intercambiaban tarjetas de Navidad y fotos de sus nietos.

El 15 de mayo de 2007, Jerry Falwell fue descubierto inconsciente en su oficina y fue llevado al hospital. Los esfuerzos por reanimarlo fracasaron y murió de arritmia cardiaca a los setenta y tres años. El 20 de mayo, *Los Angeles Times* publicó un artículo de opinión que era básicamente un obituario. Lo escribió nada menos que Larry Flynt.

Contó sus vicisitudes. Sus altibajos. Y concluyó diciendo:

El resultado final fue algo que nunca imaginé y fue un giro tan impactante para mí como lo fue ganar ese famoso caso del Tribunal Supremo: nos hicimos amigos.

Si el pornógrafo y el predicador pudieron mirarse y encontrar «otro yo», yo diría que hay esperanza para todos nosotros. Es hora de reunir todo lo que hemos aprendido y descubrir si lo que «en la necesidad se conoce la amistad» es realmente cierto.

* * *

¿Qué hemos aprendido?

La empatía es aquello que ocurre cuando la línea que te separa del otro se difumina. La cercanía se produce cuando tu visión de tu «yo» deja espacio para que otra persona también esté ahí. Y un verdadero amigo es «otro yo». Una parte de ti. Aristóteles lo dijo primero, y después de procrastinar durante unos cuantos milenios, la ciencia le dio la razón.

La amistad puede definirse como la ayuda mutua, pero no es transaccional. No llevamos la cuenta con los amigos. Nuestro cerebro nos cuenta la historia de que los amigos son una parte de nosotros, y así es como superamos los dictados del darwinismo despiadado y actuamos de forma altruista, como hizo Hector Cafferata.

No existe ninguna institución formal que regule la amistad. Esto hace que la amistad sea frágil pero pura. Es la razón por la que los amigos nos hacen más felices que cualquier otra relación: solo están ahí porque tú lo quieres de verdad. Pero sin un certificado de matrimonio, un vínculo de sangre o un contrato que lo respalde, debemos ser diligentes a la hora de invertir en y proteger nuestras amistades para mantenerlas.

Dale Carnegie acertó en las partes iniciales de conocer a la gente, pero debemos mostrar las señales costosas de tiempo y vulnerabilidad para forjar y mantener verdaderas amistades que perduren. Las personas con síndrome de Williams nos muestran a lo que debemos aspirar, un amor abierto e intrépido que ve en los demás más bondad que peligro.

Y conoceremos a personas que no siempre son tan agradables. De hecho, ya tenemos muchos de ellos en nuestras vidas. Con los narcisistas de bajo grado podemos utilizar los detonantes de empatía de similitud, vulnerabilidad y comunidad para recordarles la calidez de la que carecen y que tanto necesitan. La madre de Daniel

Kahneman sabía que las personas son complejas, y que a veces solo necesitan un empujón emocional para dejar de intentar ser especiales y empezar a intentar ser mejores.

Y ahora que sabemos cómo funciona la amistad, por fin estamos preparados para abordar la gran pregunta: ¿Es cierta la máxima «en la necesidad se conoce la amistad»? Bueno, como aprendimos al final de la última sección, hay cierto debate sobre el significado de la frase, pero creo que en ese debate conocimos mucho sobre la amistad.

Hay dos cosas que no están claras en la máxima: (1) ¿Quién es la persona necesitada? ¿Tú o tu amigo? Y (2), ¿la frase se refiere a que si un amigo tiene problemas debes ayudarlo porque es tu amigo, o que él te demostrará su amistad porque necesita tu ayuda? Eso nos da cuatro candidatos para la interpretación correcta.

1. «Un amigo, cuando tú estás necesitado, es un amigo de verdad».
2. «Un amigo, cuando tú estás necesitado, lo demostrará con sus acciones».
3. «Un amigo que está necesitado va a actuar como tu amigo».
4. «Un amigo necesitado es un amigo conocido».

Y aquí es donde las cosas se ponen realmente interesantes. Los estudiosos están de acuerdo en lo que creen que significa la frase. Pero cuando se hace una encuesta al ciudadano medio, este prefiere una interpretación diferente. ¿Cuál de ellos crees que los historiadores consideran el significado correcto y cuál crees que prefiere el ciudadano medio? Reflexiona sobre esto durante un segundo; yo me quedaré aquí sentado y tarareando la música de *¿Quién quiere ser millonario?*

Bien, la número 4 no tiene mucho sentido. Esa está descartada. La número 3 podría ser cierta (y bastante cínica, la verdad), pero ningún grupo la eligió. ¿La respuesta final? Los académicos creen que la número 2 era el significado que se buscaba con la frase: Un amigo, cuando tú estás necesitado, lo demostrará con sus acciones. Pero el ciudadano medio prefirió la número 1: Un amigo, cuando tú estás necesitado, es un amigo de verdad.

Así que todo el mundo está de acuerdo en que tú eres el necesitado. Pero aún no hemos resuelto el debate entre si el amigo lo es de verdad, o solo lo demuestra con sus acciones. Perdóname si soy tiquismiquis, pero podemos separar las dos frases por el énfasis entre «hechos» y solo «estar ahí». El «correcto» suena ligeramente más transaccional que el popular: «¿Qué vas a hacer por mí?» frente a «Estar ahí para mí». Es el mismo debate de Darwin contra Aristóteles. La número 2 es más racional, como las matemáticas de George Price. La número 1 es más como «otro yo». No creo que sea ninguna sorpresa que la mayoría de la gente prefiera esta última. Estamos programados para preferir la conexión ante el beneficio calculado cuando se trata de amigos. Queremos «otro yo».

Para dar a la versión histórica lo que le corresponde, esta frase nos advierte de los falsos amigos que prometen mucho y cumplen poco. Está diciendo que «las acciones hablan más que las palabras» o, en nuestros nuevos conocimientos sobre la amistad, «busca las señales costosas». Un buen consejo, sin duda. Ya conocemos la importancia del tiempo y la vulnerabilidad.

Pero creo que podemos aprender mucho sobre la naturaleza humana por el hecho de que la mayoría de la gente no lo interprete así. ¿Qué fue lo más común que la gente dijo sobre los amigos en las encuestas? «Un amigo está ahí para ti». Y la interpretación popular de la máxima enfatiza lo mismo. Las señales costosas son buenas, pero creo que la gente se resiste a la primera idea porque no queremos llevar las cuentas. (Y tal vez la interpretación académica considere que necesitamos un recordatorio porque la gente se aprovecha de nosotros a veces. Es cierto).

Roy Baumeister, de la Universidad Estatal de Florida, informa de que los estudios demuestran unánimemente que juzgamos la calidad de nuestras amistades en función de la «disponibilidad de apoyo»: ¿Estás ahí cuando te necesito? Pero en cuanto a los «hechos», la ayuda concreta que la gente puede proporcionar, la investigación da resultados variados, a veces incluso negativos. Una vez que alguien es un amigo, no queremos pensar tanto en los hechos. No queremos llevar las cuentas. Eso se convierte rápidamente en algo transaccional. Es una

pendiente resbaladiza que nos lleva a dejar de lado a los que se preocupan por nosotros, pero pueden ofrecer poco y a conservar a los que
pueden dar mucho, pero no se preocupan por nosotros en absoluto.

Nos centramos mucho más en los sentimientos y las intenciones.
E importan. ¿Hay alguna diferencia entre un regalo de cincuenta
dólares y un soborno de cincuenta dólares? ¿Entre el asesinato y la
defensa propia? Por supuesto. Pero la diferencia no está en el hecho
en sí, sino en las intenciones.

Ahora los cínicos podrían preguntarse qué pasaría si solo pensá-
ramos en los sentimientos y nunca recibiéramos ninguna ayuda concreta cuando la necesitáramos: estaríamos jodidos. No hay que
preocuparse por eso. La sociedad no llegó a ser tan grande porque la
gente no coopera por defecto. Como hemos visto, estamos predise-
ñados para recibir ayuda. Y es más probable que lo hagamos cuando
lo que está en juego es importante. Cuando los amigos tienen un
problema, es más probable que los ayudemos, incluso cuando no es
racional, y hasta en las circunstancias más improbables.

¿Mentirías por un amigo? Subamos la apuesta: ¿Mentirías al gobierno por un amigo? Los investigadores preguntaron a treinta mil
personas de más de treinta países si mentirían bajo juramento para
proteger a un amigo. ¿La propensión a ayudar era consistente en todo
el mundo, estamos todos unidos por una única versión de la naturaleza humana? Ni hablar. Los resultados variaron mucho según el país.
La información era muy dispar. Pero entonces encontraron el patrón…

El antropólogo Daniel Hruschka, que dirigió el estudio, clasificó
los datos en función de si los países eran justos, si eran estables o si
eran corruptos. En pocas palabras: donde la vida era más dura, la
gente era más propensa a arriesgarse para proteger a un amigo. Donde los amigos necesitaban más ayuda, la gente era amiga «de verdad»
y «en sus acciones».

Entonces, ¿cuál es el veredicto final sobre la máxima? Vamos a
decir que es cierta… pero con un asterisco, porque tenemos que aclarar esa confusión sobre la interpretación. Tenemos que deshacernos
de esa ambigüedad y aclarar la distinción entre «con sus acciones» y
«de verdad». En el futuro, digamos:

«En la necesidad se conoce la amistad, la de verdad, y no solo la que se cuenta con acciones».

Mucho menos gancho, lo sé, pero te prometí ciencia, no frases hechas. Y eso aclara lo que todos queremos. Está ahí para mí cuando te necesite. El mundo puede ser egoísta y competitivo, pero tú y yo no tenemos por qué serlo. Tal vez puedas o no ayudarme con «tus acciones», pero yo no busco solo un beneficio transaccional: sobre todo busco «otro yo» que me ayude a llevar la carga de la vida.

Hay una cosa clave que la máxima no explica y que creo que es importante recordar: la amistad merece un poco más de respeto incluso cuando nadie tiene problemas. Sin respaldo institucional, la amistad no recibe el equivalente a un aniversario de boda, una reunión familiar o una nota de agradecimiento por los diez años en la empresa. La amistad hace el trabajo pesado de aportar la felicidad en nuestras vidas, así que yo diría que se merece algo mejor. El tiempo es fundamental, la vulnerabilidad es esencial, pero quizá hay algo más que deberíamos recordar, y es la gratitud. Abraza hoy a un amigo. No celebramos lo suficiente nuestras amistades.

Mientras escribía este libro, yo mismo estaba lidiando con algunos problemas de amistad. Escribir esta sección me ayudó, y estoy de acuerdo con las conclusiones a las que hemos llegado. (Yo sería aún más vulnerable con mis sentimientos expuestos aquí, pero ambos sabemos que me haría más susceptible a la brujería. Dicho esto, ten por seguro que te considero un amigo y que disfrutaría comiéndome tus intestinos). Ah, una cosa más antes de cerrar la sección.

Descansa en paz, George Price. Espero que te hayamos hecho justicia.

Muy bien. Ahora que hemos buceado en las profundidades de la amistad, es hora de volver a subir la apuesta y sumergirnos aún más en los misterios de nuestras locas relaciones. ¿Y qué es más loco que el amor? Nada que se me ocurra. El romance es un tema muy muy MUY profundo, pero vamos a centrarnos en la eterna pregunta sobre el amor: ¿Lo puede todo?

Es el momento de descubrirlo...

PARTE 3

¿EL AMOR LO PUEDE TODO?

Capítulo 11

ADVERTENCIA

Me vas a odiar.

Como ya sabes, este no es el típico libro sobre relaciones *todo-es-muy-bonito-y-requetebonito-olvida-todo-lo-malo-y-te-voy-a-decir-todo-lo-que-quieres-oír*. Teniendo eso en cuenta, no te va a gustar todo lo que leas en esta sección, y quiero advertírtelo ahora.

La verdad te hará libre, pero antes te cabreará. Como dijo el psicólogo evolutivo e investigador de las relaciones de pareja David Buss, «hay cosas de lo que descubrí sobre el apareamiento humano que no son agradables». Y en el fondo de tu corazón, lo sabes. El sentimiento del amor es lo mejor... pero todas las actividades implicadas en el amor, bueno, nadie niega que a menudo conllevan una buena dosis de disgusto.

La mayoría de los libros de este género se limitan a decirte lo que quieres oír. Entonces haces lo que te dicen, no funciona y te culpas a ti mismo. Después de un tiempo empiezas a sentir que tal vez eres tú quien no funciona bien. Como si tú fueras el problema. Y eso no es justo. (Y ahora me toca limpiar ese desastre y ser el chivo expiatorio. Eso también es bastante injusto).

Los organismos responsables de la salud y la madre de Eric quieren que se sepa que puedes tener un ataque de verdad mientras lees esto. Voy a darte las mejores pruebas que tenemos. Algunas van a ser como un whisky sour, pero sin el whisky. Las respuestas pueden no ser todas de tu agrado al principio, pero no podemos arreglar lo que no entendemos con exactitud.

Apiádate de mí, querido lector. Este es un tema delicado sobre el que la gente tiene fuertes sentimientos, y exponer los hechos de forma cruda es, sin duda, un ejercicio de masoquismo.

Ten la seguridad de que no todo es malo. Ni mucho menos. Y al final, sí te prometo «magia». Te prometo amor y felicidad, o al menos el potencial para ello. Pero tenemos un camino difícil por delante. Así que, por favor, termina la sección antes de publicar citas fuera de contexto en Twitter, de llenar mi bandeja de entrada con mensajes de odio en mayúsculas y de pedir que este libro sea retirado de las tiendas.

No hay un manual de instrucciones para un matrimonio feliz, pero te prometo lo más parecido. Y lo más honesto. Soy un loco que va a intentar darle sentido al amor en menos tiempo del que se tarda en hacer una maratón de una serie de Netflix. Deséame suerte. Allá vamos...

* * *

A mediados de la década de 1990, Pfizer estaba en una mala situación. El fabricante de medicamentos tenía una larga historia como principal fabricante de penicilina durante la Segunda Guerra Mundial, pero a finales del siglo xx había sido eclipsado por sus competidores y necesitaba urgentemente un medicamento de éxito.

Por suerte, había esperanza en el horizonte. El laboratorio de Pfizer en el Reino Unido había desarrollado un medicamento para la angina de pecho, el citrato de sildenafilo, que tenía el curioso efecto secundario de provocar erecciones a los hombres. Sí, esto se convertiría en la viagra. Y en ese momento no había ningún medicamento en el mercado aprobado para tratar la impotencia. Ni uno. El sueño de un farmacéutico, ¿verdad? Solo había un problema.

Nadie creyó que la viagra fuera una buena idea.

Como relata el escritor de *Esquire*, David Kushner, «en aquel momento, la idea de vender viagra se consideraba una locura en el mejor de los casos y una inmoralidad en el peor». El fármaco se convertiría en algo familiar y dispararía el mercado multimillonario de la disfunción eréctil, pero desde el primer día, la cultura conservadora de Pfizer se resistió a impulsar el proyecto. Sería la batalla más ardua que el desarrollo de fármacos había visto jamás.

La única razón por la que el ahora famoso tónico de la tumescencia llegó a comercializarse fue el denodado esfuerzo de dos héroes insólitos: Rooney Nelson, un joven gurú del marketing de Jamaica, y el «Dr. Sal», un farmacéutico clínico de Queens. Sabían que la disfunción eréctil perjudicaba a los matrimonios, mermaba la autoestima e impedía que parejas, por lo demás sanas, tuvieran hijos. Estos dos renegados desafiaron al sistema y superaron una oposición asombrosa para traer al mundo a esa pequeña píldora azul.

El laboratorio había demostrado que el medicamento funcionaba, pero ¿aceptarían, los pacientes, los efectos secundarios? Conseguir la aprobación de la empresa para los grupos de discusión de un medicamento que nadie apoyaba ya sería bastante difícil de por sí. Pero Rooney y Sal necesitaban la aprobación para meter a un paciente en una habitación, mostrarle la película *Debbie Does Dallas* y animarle a masturbarse. De algún modo, consiguieron que la empresa diera su visto bueno. El efecto secundario más común resultó ser erecciones de cuatro horas… que la mayoría de los sujetos pensaban que era algo genial, francamente. El primer obstáculo se había superado. Tenían a los pacientes de su lado.

Pero internamente, Pfizer seguía considerándola una «medicina indigna» y no cedía. La empresa argumentó que los hombres se sentirían demasiado avergonzados para pedirla. Ningún hombre quería parecer débil y decir que era «impotente». Pero Rooney sabía que eso no era un problema real, sino semántico. Y así nació el término *disfunción eréctil*. No, esa frase no es un diagnóstico médico que haya existido siempre. Es un eufemismo que suena médico y que nació en los años noventa a partir del marketing, no de la medicina.

La mitad de Pfizer seguía pensando que ese «medicamento banal» nunca triunfaría. Pero Rooney y Sal sabían que, si podían superar la resistencia interna de Pfizer, la gente finalmente entraría en razón y se daría cuenta de que esto era una licencia para imprimir dinero… ¿cierto, no? Pues no. El Dr. Sal descubrió que iban a encontrar al menos tanta resistencia externa como interna. Líderes religiosos de todo tipo dijeron que protestarían. Los legisladores conservadores no querían que las compañías de seguros subvencionasen las erecciones. Era una pesadilla. Los dos sintieron que el mundo estaba en su contra.

Pero Rooney tenía un plan. Se dio cuenta de que iban a tener que hacer una auténtica locura, el equivalente a una herejía en el marketing, para sacar este producto al mercado. Llegó a la conclusión de que la mejor manera de lanzar la viagra era, increíblemente, hablar de ella lo menos posible. Sí, se habían gastado tropecientos millones en el desarrollo y las pruebas, y ahora no iban a hacer nada antes de la aprobación de la FDA para promocionarlo. Era una locura, pero era la única manera de evitar la resistencia. Y funcionó.

En marzo de 1998, la viagra recibió la aprobación de la FDA. Y con ello, la balanza estaba por fin de su lado. Todo lo que tenían que hacer era hablar con el equipo de ventas de Pfizer sobre cómo presentar el medicamento… pero los vendedores no querían hacerlo. Dijeron que se sentían incómodos hablando de penes con los médicos. Y así fue como Rooney terminó en una conferencia de ventas, haciendo que grupos de personas dijeran «erección» en voz alta cinco veces para que se sintieran cómodos con ello: ¡Erección! ¡Erección! ¡Erección! ¡Erección! ¡Erección!

A medida que se acercaba el día del lanzamiento, casi todo el mundo pensaba que Pfizer sería un hazmerreír. Pero ya se sabe cómo acaba esta historia. La viagra fue un éxito sin precedentes, un fenómeno cultural y un regalo cómico para los presentadores de los programas nocturnos de todo el mundo. Pronto los farmacéuticos dijeron que estaban rellenando diez mil recetas al día. Superó el lanzamiento del Prozac. En pocos días, el precio de las acciones de Pfizer se duplicó.

El medicamento podía ser azul, pero acabó siendo más bien como la nariz roja de Rudolph: a nadie le gustaba hasta que los salvó a todos. El fármaco en el que nadie creía se convirtió en el fármaco que todos querían.

Cuando se trata de sexo, amor y matrimonio, todo es complicado y nada es obvio, simple o fácil. La pequeña píldora azul lo ha conquistado todo, pero ¿y el amor? La viagra dura una media de dos horas. ¿Cuánto dura el amor?

* * *

Alrededor del año 38 a.c., el poeta romano Virgilio escribió: «OMNIA VINCIT AMOR», o «el amor lo vence todo». En la Biblia se puede encontrar una redacción similar. En la I Corintios 13:7 se lee: «El amor todo lo sufre, todo lo cree, todo lo espera, todo lo soporta». Y aún hoy escuchamos versiones de esta máxima en canciones, películas y ceremonias de boda. Pero, ¿es cierto? ¿Realmente el amor lo puede todo?

Por supuesto que no. (Hasta aquí, parece que este va a ser un capítulo corto). Estoy a favor de la licencia poética, pero ¿has visto alguna estadística de divorcios, últimamente? Te ahorraré la búsqueda en Google: aproximadamente el 40 % de los matrimonios estadounidenses acaban en divorcio. La proverbial crisis de los siete años es más bien de cuatro; el divorcio es más común unos cuatro años después de la boda. Y esta estadística es válida en todo el mundo. (De hecho, la antropóloga Helen Fisher señala que una de cada diez mujeres estadounidenses se ha casado tres o más veces al cumplir los cuarenta años).

No pretendo ser pesimista, pero si los coches se estropearan el 40 % de las veces que se conducen y su eslogan de marketing fuera «Honda lo puede todo», tendrían una demanda colectiva entre manos. Al igual que Pfizer se equivocó inicialmente con la viagra, tenemos muchos mitos y malentendidos sobre el amor. Para empezar, no se originó con el amor cortesano de la Edad Media. El amor romántico existe desde siempre. La primera poesía amorosa se remonta a más de 3.500 años atrás, en Egipto. Y el amor es universal. De 168 culturas estudiadas por los antropólogos, el 90 % lo reconoce, y en el otro 10 % no había datos suficientes para confirmarlo.

La experiencia del amor es en gran medida consistente sin importar el país, la edad, el género, la orientación o el grupo étnico que se estudie. Es casi seguro que es innato, y lo sabemos porque a lo largo de la historia muchas culturas (incluidos los Shakers, los mormones y los alemanes del este) intentaron suprimir el amor romántico, y todas fracasaron estrepitosamente.

Sin embargo, los detalles pueden variar. En una encuesta realizada en Jacksonville, Florida, el 60 % de las personas dijo que su cónyuge era su mejor amigo. ¿Sabe cuántos dijeron lo mismo en Ciudad de México? Ninguno. Y las culturas que se besan románticamente son en realidad una minoría: solo el 46 % de las 168 estudiadas se besan. Y el amor no siempre está asociado al corazón. En África Occidental, la sede del amor es la nariz, y para los isleños de Trobriand son los intestinos. (Esto exige una seria reinterpretación de las metáforas de estornudos e indigestión).

La forma que suele adoptar el amor a largo plazo para nosotros es el matrimonio, y eso nos lleva al peor de los mitos con los que tenemos que lidiar. Todos hemos leído mil artículos que dicen que el matrimonio te hace más sano y feliz. Ejem, no. Muchos de estos estudios se limitan a hacer una encuesta entre personas casadas y solteras, comparan los niveles de felicidad, descubren que a los casados les va mejor y sueltan: «¡Ves? El matrimonio te hace más sano y feliz». Pero eso es cometer un error llamado «sesgo de supervivencia». Si se quiere determinar si casarse te hace más feliz, hay que incluir a los separados, divorciados y viudos con los actualmente casados, no con los solteros. De lo contrario, equivale a estudiar solo a las estrellas de cine más taquilleras y decir: «Ser actor es obviamente una excelente elección».

Cuando se examina el conjunto de todas las personas que han pasado por el altar frente a las que nunca lo han hecho, los resultados de salud y felicidad son muy diferentes. En pocas palabras: el matrimonio no te hace sano y feliz; un buen matrimonio sí te hace sano y feliz. Y un mal matrimonio, incluso uno del pasado, puede tener efectos muy (o muy muy muy) negativos.

¿Qué efectos tiene el matrimonio en la salud? Bueno, si eres un ganador en el concurso de conyugalidad, los aspectos positivos son abundantes. Las estadísticas de ataques al corazón, cáncer, demencia, enfermedades varias, presión arterial o incluso la probabilidad de morir mejoran. (Los hombres casados de hoy en día disfrutan de una media de siete años más de esperanza de vida). Pero aquí es donde tengo que añadir esa desagradable expresión: «sin embargo». Si estás infelizmente casado, es probable que tu salud sea notablemente peor que si nunca te hubieras casado. Un mal matrimonio hace que tengas un 35 % más de probabilidades de enfermar y te quita cuatro años de vida. Un estudio realizado con casi nueve mil personas descubrió que los divorciados y viudos tenían un 20 % más de problemas de salud (incluyendo enfermedades cardiacas y cáncer). Y lo más sorprendente es que algunos de esos efectos no desaparecieron, aunque se volvieran a casar. La gente que se casaba por segunda vez tenía un 12 % más de problemas de salud graves que los que nunca se habían separado, y las mujeres divorciadas tenían un 60 % más de probabilidades de sufrir enfermedades cardiovasculares, incluso si volvían a pasar por el altar.

¿Y qué hay de la felicidad? Si tienes un buen matrimonio, casarte es sin duda un impulso. Un estudio realizado en 2010 en Australia afirma, incluso, que las investigaciones anteriores probablemente subestimaban la felicidad de los matrimonios felices. Pero la otra cara de la moneda es aún más condenatoria de lo que se puede suponer. Un estudio de las historias clínicas de cinco mil pacientes analizó los acontecimientos vitales más estresantes a los que se enfrentan las personas. El divorcio ocupó el segundo lugar. (La muerte de un cónyuge fue el número uno). El divorcio superó incluso a «ir a la cárcel».

Espera, que todavía hay más. Los seres humanos somos bastante resistentes. Con casi todas las cosas malas que suceden, tus niveles de felicidad pueden volver a una línea base. Pero no con el divorcio. Un estudio que duró dieciocho años, sobre treinta mil personas, demostró que, después de que un matrimonio se separe, los niveles de bienestar subjetivo se recuperan, pero no completamente. Parece que el divorcio hace mella de forma permanente en la felicidad. Y cuando se observa a todo el mundo a través del espectro marital, nadie está más desanimado que los casados infelices. Si vas a sentirte solo, es mejor que realmente estés solo.

Así que el matrimonio no es garantía de salud ni de felicidad; es más bien un juego de apuestas con grandes ganancias o grandes pérdidas. Y, ampliando la analogía del juego, las probabilidades no son del cincuenta por ciento. Como escribió el columnista del *New York Times* David Brooks, «En Estados Unidos, casi el 40 % de los matrimonios acaban en divorcio. Otro 10 o 15 % de las parejas se separan y no se divorcian, y otro 7 %, más o menos, permanecen juntos pero son crónicamente infelices». Se mire como se mire, esto no es una garantía. Quienes están felizmente casados y permanecen así, son una minoría.

¿Qué te parece? Definitivamente, esto no es lo que la sociedad nos dice sobre el amor y el matrimonio. ¿Y cómo hemos llegado a este lugar de extremos en el que el matrimonio te hace enormemente feliz o te destroza la vida? ¿Siempre fue así?

Pues no. El matrimonio antes lo podía todo... pero entonces no tenía nada que ver con el amor. De hecho, históricamente hablando, se podría decir que «el amor destruyó el matrimonio». O «el amor venció al matrimonio». Como señala la historiadora Stephanie Coontz, durante la mayor parte de la historia registrada, la canción del matrimonio podría haber sido «What's Love Got to Do with It» (Y qué tiene que ver el amor con esto) de Tina Turner. (Nota del autor: no recomiendo poner esa canción, ni «I Still Haven't Found What I'm Looking For» —Aún no he encontrado lo que buscaba— de U2, en tu boda).

Durante la mayor parte de la historia registrada, el matrimonio tenía más que ver con la economía que con el amor. Esto no formaba parte de un plan malvado, sino que se debía a que la vida era terriblemente dura. Los «matrimonios por amor» no eran una opción realista. El modelo era más bien el del matrimonio por «ayudarme a no morir». La vida era a menudo desagradable, brutal y corta. No podías salir adelante por ti mismo. La realización personal pasaba a un segundo plano cuando había que llevarse algo de comida a la boca y luchar contra los bandidos. Coontz señala que el matrimonio hacía lo que hoy hacen los gobiernos y los mercados. Era la seguridad social, el seguro de desempleo y de salud antes de que existieran. Al igual que tu carrera profesional hoy en día puede estar más relacionada con el pago de las facturas y tener poco que ver con lo que te apasiona, en aquel entonces, con quién te casabas estaba relacionado con el pago de las facturas y tenía poco que ver con quien te apasionaba. El matrimonio era más bien un contrato entre compañeros de trabajo que con almas gemelas.

Para los ricos, la historia del matrimonio es como una clase del máster de dirección empresarial en fusiones y adquisiciones. Se trataba no tanto de encontrar al cónyuge adecuado, sino más bien conseguir a los suegros adecuados. Sí, hoy te quejas de la familia política, pero en aquel entonces era la razón por la que te casabas. Piénsalo: no necesitas el matrimonio para enamorarte o tener hijos, pero sí para forjar alianzas a largo plazo con familias poderosas. De hecho, la familia política era tan prioritaria que en algunos países como China incluso se veían «matrimonios fantasma». Sí, casarse con una persona muerta. (Ventaja: menos discusiones). En la sociedad de Bella Coola, en el noroeste del Pacífico, a veces, la competición para conseguir la familia política adecuada era tan intensa que la gente se casaba con el perro de otra familia. Sí, en serio.

Por supuesto, la gente casada de entonces se enamoraba... solo que no solía hacerlo de su cónyuge. Al fin y al cabo, para eso estaban las aventuras. Como dijo Alejandro Dumas, «Los lazos del matrimonio son tan pesados que se necesitan dos personas para llevarlos, y a veces tres». Amar a tu cónyuge se consideraba a menudo como algo imposible, inmoral o estúpido. El gran filósofo estoico Séneca dijo: «Nada es más impuro que amar a la propia esposa como si fuera una amante». ¿Y cómo llamaban los filósofos romanos a alguien que se encontraba en una agonía apasionada de amor por su esposa? «Adúltero».

Y lo que es más importante, Coontz señala que el amor dentro del matrimonio se consideraba una amenaza para el orden social. La vida era demasiado difícil como para que la felicidad individual estuviera muy arriba en la escala de prioridades. Había que anteponer la responsabilidad con la familia, el estado, la religión o la comunidad a la realización personal. El matrimonio era una institución económica y política demasiado importante para dejarla al albur del amor. ¿Pasión? Más te vale que la mantengas a raya. Se interpone en el camino. Hemos conseguido algo bueno; ¿quieres convertirlo en un episodio del programa de Jerry Springer? En las culturas polígamas era aceptable amar a tu esposa, pero mejor guardárselo para la esposa número dos o tres, ¿de acuerdo? Tenemos una sociedad que dirigir aquí. Gracias.

Pero luego las cosas cambiaron. Llegó el siglo XVIII y se produjo la era de la Ilustración. La gente empezó a hablar de estas cosas nuevas y locas llamadas «derechos humanos». Pero no fue porque todo el mundo se espabiló de repente o se volvió amable; de nuevo, fue cosa de la economía. Los mercados libres. La gente ganaba más dinero, y podías sobrevivir por tu cuenta. El individualismo se convirtió en una opción realista, así que en el siglo XIX mucha gente se casaba por amor...

Y, casi inmediatamente, las cosas se fueron al carajo. Sí, los individuos ganaron más capacidad de elección y la maravillosa posibilidad de obtener el amor y la felicidad, pero en cuanto a lo de poderlo todo, el matrimonio se volvió mucho menos estable. Lo mismo que aumentó la satisfacción de la gente con el matrimonio lo hizo frágil. Tuvieron que crear la expresión «tener una cita» en la década de 1890 porque el concepto ni siquiera existía antes. La institución del matrimonio, antes tan sólida como una roca, se vio asediada. Y a principios del siglo XX las ruedas estaban a punto de saltar. Había una velocidad de cambio impresionante: la electricidad, los coches, los trenes, los antibióticos... Entre 1880 y 1920 la tasa de divorcios en EE.UU. se duplicó.

Pero entonces ocurrió la Segunda Guerra Mundial. Tras ella, la vida en Estados Unidos fue bastante buena económicamente, y por tanto, el matrimonio también fue bastante bueno. El empleo aumentó y las tasas de divorcio disminuyeron. Y en la década de 1950 se produjo la cúspide de lo que hoy muchos siguen considerando el matrimonio «tradicional»: la familia nuclear. Piensa en Donna Reed, y en las series *Leave it to Beaver* y *Father Knows Best*. Mamá, papá, 2,4 hijos y un perro. Todo era estupendo. Pero, irónicamente, esta época que muchos consideran, todavía hoy, la forma platónica del matrimonio fue en realidad solo un parpadeo fugaz. Lejos de la regla, los historiadores Steven Mintz y Susan Kellogg la llaman «la gran excepción». Y lo cierto es que no duró mucho.

En los años 70, ese matrimonio «tradicional» ya se estaba desmoronando. Los estados aprobaron el divorcio sin culpa. Por primera vez, el simple hecho de ser infeliz era una razón legalmente aceptable para poner fin al matrimonio. En 1980, la tasa de divorcio en Estados Unidos alcanzó el 50 %. El cambio que había durado siglos estaba casi completado. Los solteros ya no eran vistos como defectuosos o inmorales. El número de parejas que cohabitaban se disparó. El embarazo ya no significaba la necesidad de casarse. Y en 2015 el Tribunal Supremo aprobó el matrimonio entre personas del mismo sexo. El amor había triunfado.

Vamos, no solo ganó, sino que por primera vez en la historia era esencial. Y nos olvidamos de lo nuevo que es este concepto. Daniel Hruschka señala que en los años 60, un tercio de los hombres y tres cuartas partes de las mujeres no creían que el amor fuera esencial antes de casarse. En los años 90, el 86 % de los hombres y el 91 % de las mujeres decían que no se casarían si no estaban enamorados. A lo largo de los siglos, la canción pasó del «What's Love Got to Do with It?» de Tina Turner al «All You Need Is Love» (No necesitas más que amor) de los Beatles.

Pero eso no significa que toda esta libertad no tenga inconvenientes.

El profesor de la Northwestern Eli Finkel llama a nuestro paradigma moderno «el matrimonio autoexpresivo». La definición de matrimonio depende de ti... lo que es un poco aterrador. ¿Sabes exactamente lo que quieres? Más te vale. El matrimonio ya no está definido por la Iglesia, el gobierno, la familia o la sociedad. Es un kit de bricolaje. El manual de instrucciones se vende por separado. Los matrimonios del pasado eran sin duda injustos y desiguales en muchos aspectos, pero las reglas eran claras. Hoy estamos confundidos.

Y por si fuera poco, nuestras expectativas sobre el matrimonio se han disparado. Seguimos queriendo muchas cosas que el matrimonio nos proporcionaba en el pasado, pero ahora pensamos que el matrimonio debe cumplir todos nuestros sueños, sacar lo mejor de nosotros mismos y ofrecer un crecimiento continuo. La canción «You Can't

Always Get What You Want» (No siempre puedes conseguir lo que quieres) de los Rolling Stones no está en la lista de reproducción. No nos divorciamos solo porque seamos infelices, sino porque podríamos ser aún más felices. Finkel dice que antes había que justificar el abandono del cónyuge; ahora hay que justificar que te quedes con él. Y aunque nuestras expectativas sobre el matrimonio han aumentado, nuestra capacidad para satisfacerlas ha disminuido. Las parejas trabajan más horas y pasan menos tiempo juntas. Entre 1975 y 2003, la cantidad de tiempo que los cónyuges pasaban juntos entre semana se redujo un 30 % si no tenían hijos y un 40 % si los tenían.

Y al mismo tiempo, el matrimonio ha desplazado a otras relaciones que podrían reducir su carga. Una investigación realizada por Robin Dunbar, en Oxford, demuestra que enamorarnos nos cuesta dos amigos íntimos. Y Finkel señala que en 1975 los estadounidenses pasaban dos horas cada fin de semana con amigos o familiares. En 2003, esa cifra había descendido un 40 %. Mientras tanto, entre 1980 y 2000 casi se duplicó el grado en que un matrimonio feliz predecía la felicidad personal. El matrimonio no es una de tus relaciones, es «la» relación. Estamos experimentando la «conyugación» de la vida.

En cada una de las últimas décadas, la estabilidad matrimonial ha aumentado, y las tasas de divorcio han descendido. El problema es que esto se debe, sobre todo, a que cada vez hay menos personas que se casan. Las tasas de matrimonio han descendido en todo el mundo desde la década de 1970, y actualmente se encuentran en mínimos históricos en Estados Unidos. El sociólogo de la Universidad de Nueva York Eric Klinenberg escribe: «Por primera vez en la historia, el estadounidense tipo pasa ahora más años soltero que casado». El matrimonio ha pasado de ser la piedra angular a ser una piedra más. Antes era algo que se hacía cuando se era joven y se estaba en el camino hacia la edad adulta. Ahora sus exigencias parecen tan onerosas que la gente quiere asegurarse de que lo tiene todo preparado antes de intentarlo, si es que decide pasar por el altar.

No, gritarme no hará que nada de esto sea menos cierto. Entiendo que te sientas un poco frustrado ahora que he pasado páginas sembrando datos deprimentes sobre el matrimonio como una especie de

Pulgarcito estadístico. Puse esa advertencia al principio del capítulo por una razón. Si estás a punto de escribir una crítica de una estrella en Amazon, detente. No es necesario activar el Defcon 1. Tengo buenas noticias. Muy buenas, de hecho. Sí, el matrimonio medio ha ido empeorando año tras año sin mucha esperanza, pero hay algo que deberías saber ahora mismo sobre los mejores matrimonios...

Son mejores que cualquier otro en la historia de la humanidad. Punto.

Finkel lo confirma: «Los mejores matrimonios de hoy en día son mejores que los mejores matrimonios de épocas anteriores; de hecho, son los mejores matrimonios que el mundo ha conocido». Puede que el divorcio haga mella en tu felicidad y que el matrimonio medio sea bastante decepcionante, pero si haces bien esto de estar casado, tu matrimonio será más feliz que el de nadie en ningún momento. Serás lo más. Así que no es una fatalidad para todos, sino que el ganador se lo lleva todo. Y por eso Finkel llama al matrimonio de nuestra era «el matrimonio del todo o nada».

Siento haber echado por tierra tus sueños de cuento de hadas. Pero los cuentos de hadas no ayudan. Una encuesta marista de 2011 concluyó que el 73 % de los estadounidenses cree en las almas gemelas, y un estudio del año 2000 descubrió que el 78 % de la visión del amor de la gente contiene elementos de cuentos de hadas. Pero los investigadores también se dieron cuenta de que las personas que creen en esas cosas, en realidad, experimentan más desilusión y angustia en sus matrimonios que los que son más realistas. ¿Por qué?

Los cuentos de hadas son pasivos. Y hoy en día los matrimonios felices requieren un trabajo proactivo. Pero si haces el trabajo, puedes tener uno de los mejores matrimonios de la historia. Citando a Finkel, «en comparación con los matrimonios de épocas anteriores, los matrimonios de hoy en día requieren mucha más dedicación y cuidado, un cambio que ha hecho que una parte cada vez mayor de los matrimonios corra el riesgo de estancarse y disolverse. Pero los cónyuges que invierten el tiempo y la energía necesarios en la relación pueden alcanzar un nivel de plenitud conyugal que habría estado fuera de su alcance en épocas anteriores».

Así que si hoy en día tienes problemas con el amor, no estás loco, ni estás solo y no es necesariamente por tu culpa. Ahora sabemos que el amor, por regla general, no lo puede todo. Pero tu amor tal vez sí, si lo haces bien. Así que vamos a modificar la máxima. En lugar de «¿El amor lo puede todo?», vamos a resolver el misterio de «¿Cómo podemos asegurarnos de que tu amor lo pueda todo?».

Y vamos a empezar el camino para resolver ese rompecabezas fijándonos en el mayor amante que jamás haya existido...

Capítulo 12

Si tienes que leer algo de historia y no te gusta la historia, lee sobre Casanova. En serio, la vida de este personaje fue más emocionante que la mayoría de las películas del verano. Espionaje, escándalos, apuestas de alto riesgo, asesinos, duelos a muerte, sociedades secretas, traición, estafa, exilio... Escapó de una prisión de la que no se podía escapar, y lo hizo nada más y nada menos que en góndola. Casanova se relacionó con el rey Jorge III, Catalina la Grande, Goethe, Rousseau y varios papas. Participó en congresos científicos con Ben Franklin e intercambió mordacidades con Voltaire. Y, por supuesto, hizo aquello por lo que es más famoso: seducción tras seducción tras seducción. En su autobiografía escribe: «Puedo decir que he vivido». Es el eufemismo del milenio.

No te puedes imaginar todo lo que hizo este hombre, en cuántos problemas se metió, y cuántos países visitó, a cuánta gente estafó y con cuántas mujeres se acostó. Me gustaría resumir su vida y hacerle justicia, pero no puedo. Literalmente, no puedo. Su autobiografía consta de doce volúmenes que suman 3.700 páginas, e incluso dejó fuera lo que le parecía «demasiado escandaloso».

Era un canalla que vivía del ingenio, la intrepidez y el encanto. La vida de Casanova siguió un patrón constante: entablar amistad con gente poderosa. Empezar una nueva carrera. Conseguir un mecenas rico. Apostar y perseguir mujeres. Enloquecer a todo el mundo, incluidas las autoridades. Ser encarcelado o exiliado. Mudarse a una nueva ciudad. Repetir.

Tenía una «lujuria por la vida». De acuerdo, su lujuria incluía mucho más que la vida, francamente. Y no mostró mucho remordimiento, tampoco. Saltaba insensiblemente de mujer en mujer, involucrándose en historias sórdidas que hacen que Pornhub parezca soso, pero vamos a mantenernos dentro del horario de protección de menores. Se puede decir que era la forma platónica del «chico malo», un santo patrón para los artistas, yendo de chica en chica...

Pero había una mujer que era especial. Una que destacaba. (Siempre la hay, ¿no?).

Una mujer capturó y rompió el corazón del gran Casanova. Solo la conocemos como «Henriette». Su verdadero origen está rodeado de misterio. Por supuesto, era hermosa. Pero fue su cultura lo que lo dejó boquiabierto. Era ingeniosa y sofisticada, y estaba claro que se estaba rebajando al estar con él. Ella misma era una libertina, y era tan inteligente que él asumió que también era una estafadora. Henriette era igual a él en cuanto a encanto y seducción, algo a lo que Casanova no estaba acostumbrado, por no decir otra cosa.

La suya fue una de las vidas más épicas de toda la historia, pero él diría que el tiempo que pasaron juntos fueron sus momentos más felices y su relación amorosa, la más obsesiva de su vida. Y, aunque solo fuera brevemente, ella cambió al pícaro insensible. Este legendario encantador de mujeres, el hombre cuyo nombre sería sinónimo de seducción, se transformó en el típico hombre enamorado de una chica. Se obsesionó con ella. Soñaba con ella por la noche. Incluso temía ser solo otra de sus aventuras. Y como cualquier enamorado, la idealizó.

Estar cerca de ella lo ablandó. Sí, era un pícaro, pero no un psicópata. Es fácil juzgarlo, pero sus primeros años de vida no habían sido nada fáciles. Su padre había muerto cuando él solo tenía ocho años. Su madre era una actriz y prostituta que lo dejó a su abuela para que lo criara. Finalmente, fue abandonado en un internado. «Se deshicieron de mí», escribió. Tú también serías insensible en esas circunstancias.

Los tres meses que pasaron juntos Casanova y Henriette tuvieron todo lo que caracteriza a un romance épico. Ambos eran fugitivos. Él huía de las autoridades venecianas, y ella se escondía de su familia controladora. Ella no tenía nada más que la ropa que llevaba puesta.

Y además era ropa de hombre. Pero Casanova tenía dinero. Impulsivamente, le compró un montón de ropa. Y un anillo de diamantes. Sus perseguidores no andaban muy lejos. Habría sido lo más inteligente pasar desapercibidos y esconderse. Pero Casanova era un hombre enamorado de una mujer hermosa. Quería que se divirtieran. Quería mostrarle el mundo y dárselo todo. Así que dejaron de lado la precaución y se dieron la gran vida en la ciudad.

Sus descuidadas noches en la ciudad serían su perdición. En una fastuosa fiesta en el Palacio Ducal, Henriette fue descubierta por un pariente que la reconoció. Casanova se culpó a sí mismo. Henriette estaba convencida de que tendría que volver. En su lujosa habitación de hotel en Ginebra, le dijo que tendrían que separarse. Le pidió que no preguntara nunca por ella y que, si alguna vez volvían a verse, fingiera no conocerla. Y se marchó.

Casanova pasó los dos días más tristes de su vida en aquella habitación de hotel, solo. Cuando por fin se levantó y abrió las cortinas, vio unas palabras rayadas en el cristal de la ventana. Palabras rayadas con el anillo de diamantes que le había comprado. «*Tu oublieras aussi Henriette*».

Traducción: «Tú también olvidarás a Henriette».

Un mensaje triste, sin duda. Pero el mero hecho de ver algo de ella era, como escribiría en su autobiografía, «un bálsamo para mi alma». Y no mucho después, recibió una carta suya. Henriette también tenía el corazón roto, pero se resignó a su destino. Nunca volvería a enamorarse, pero deseaba que él encontrara otra Henriette. Casanova permaneció en la cama durante días con la carta, sin poder comer ni dormir.

Pasarían una docena de años. Hubo más aventuras, pero entonces, ya mayor, Casanova estaba cansado. Fue detenido por unas deudas en Suiza, y tuvo que huir una vez más. Se cuestionó su vida y llegó a la conclusión de que debía hacerse monje. Que debía retirarse a un monasterio y vivir una vida de… Entonces vio a una chica guapa. La idea del monje duró un día. (Bueno, es Casanova. ¿Qué esperabas?).

Pero esto, también, fue otra lección. Él era quien era. El pícaro. Nada había cambiado. Nada cambiaría. Volvió a Ginebra. Siempre habría otra ciudad. Otra aventura. Otra chica. Entró en su lujosa habitación de hotel, pensando que tal vez Henriette, también, era solo una más. Nada especial. Y cuando abrió las cortinas de la ventana...

Se dio cuenta de que era la misma habitación de hotel de hacía tantos años. Allí, en el cristal, las palabras seguían escritas: «*Tu oublieras aussi Henriette*». Como escribiría en sus memorias, «sentí que se me ponían los pelos de punta». Los recuerdos regresaron en manada.

«Tú también olvidarás a Henriette».

No. No, no lo haría. Sí, habría más aventuras, más mujeres. Pero durante el resto de su vida, nunca olvidaría a Henriette. Para el gran Casanova, el seductor de tantas, ella siempre sería La Única. Nadie más.

La locura del amor romántico nos deja indefensos. Pero, ¿qué es? ¿Y puede durar como lo hizo para Casanova?

* * *

Cuando un preso está en el corredor de la muerte, es de esperar que sus últimas palabras sean algo sobre Dios o el perdón. Y un estudio muestra que, en el 30 % de los casos, eso es lo que dicen. Pero lo más probable es que mencionen, en un enorme 63 % de las veces, el amor romántico. La familia ocupa un lejano segundo lugar.

El amor romántico puede que sea lo mejor del mundo. Pero no necesitas que te lo diga. Su poder se da por descontado... pero lo diré de todos modos. El mundo está impregnado de magia, y tu mente se queda como si alguien hubiera metido todas tus emociones en una coctelera. Hay una razón por la que gran parte del arte y la música tienen que ver con el amor. En el clásico estudio de Dorothy Tennov sobre el enamoramiento, el 83 % de los sujetos estaban de acuerdo con la afirmación «quien nunca se ha enamorado se está perdiendo una de las experiencias más placenteras de la vida».

Pero, a decir verdad, todos sabemos que es una mezcla. A veces estamos mejor y otras peor. Es placer y dolor a la vez. Agonía y éxtasis. Desesperación y desánimo. El Dr. Frank Tallis escribe: «El amor parece proporcionar un servicio de transporte que opera entre solo dos destinos: el paraíso y el infierno».

Y ese es el lado del amor del que no hablamos tanto: el amor puede ser horrible. Un enorme y multidimensional basurero cuántico. «Pasión» deriva de la palabra latina que significa «sufrir». Aunque los sujetos de Tennov coincidieron casi unánimemente en los placeres del amor, más del 50 % también describió depresiones horribles y una cuarta parte mencionó pensamientos suicidas. El amor puede ser una fuerza casi demasiado poderosa. Al igual que la energía nuclear, puede alimentar de energía a toda una ciudad, pero también aniquilarla, y dejar una radiación que perdura.

En los años 80, la investigadora Shere Hite descubrió que dos tercios de las mujeres casadas y la mitad de las solteras ya no tenían fe en estar enamoradas. Esta actitud puede ser poco romántica, pero está lejos de no tener precedentes. Como ya hemos comentado, los antiguos no confiaban en absoluto en el amor. Resulta irónico que cuando pensamos en las historias de amor clásicas tengamos sentimientos positivos, teniendo en cuenta que la mayoría terminan en miseria y muerte. (¿Dirías que Romeo y Julieta tuvieron un final feliz?).

De hecho, los antiguos no veían el amor simplemente como algo malo, sino como una enfermedad. ¿Recuerdas cómo se mencionaba el amor en los poemas del antiguo Egipto? Sí, esos versos lo describían como una dolencia. Todavía nos gusta la obra de Jane Austen, como «Sentido y sensibilidad», pero en su época, «sensible» no significaba «razonable». Significaba neurótico. Alguien con demasiada sensibilidad era propenso a tener problemas de salud mental.

Durante la mayor parte de la historia, desde Hipócrates hasta el siglo XVIII, estar «enfermo de amor» no era una metáfora, sino un diagnóstico legítimo. Esto decayó en el siglo XVIII y perdió toda su vigencia en el XIX, cuando el padre del psicoanálisis y aficionado a la cocaína, Sigmund Freud, desvió la conversación hacia el sexo. Pero su actitud hacia el amor no era muy diferente: «¿No es lo que entendemos por "enamoramiento"» una especie de enfermedad y locura, una ilusión, una ceguera ante lo que es realmente la persona amada?». Y la idea del amor como una enfermedad sigue siendo vigente. Cuando uno está deprimido por el amor, ¿cómo lo llamamos? «Mal de amores». ¿Qué clase de romántico es alguien? «Incurable».

Estás en las nubes. Apenas necesitas dormir. La autoestima se dispara. Los pensamientos se aceleran. Estás hablador. Distraído. Social y sexualmente eres más activo. Estás dispuesto a correr grandes riesgos, a gastar más dinero y a avergonzarte. ¿Te suena eso como el amor? Bueno, en realidad te estaba dando los criterios del *DSM-5* para un diagnóstico de manía. Sí, la ciencia moderna está de acuerdo en que el amor es una enfermedad mental. El psiquiatra Frank Tallis dice que, si sientes todos esos síntomas durante una semana y se lo cuentas a un psiquiatra (y no mencionas el amor), es muy posible que te receten litio. De hecho, solo necesitarías cuatro de esos síntomas para tener ese diagnóstico.

¿O te sientes triste? ¿Has perdido el interés por las cosas que normalmente disfrutas haciendo? ¿No tienes apetito? ¿Sufres de problemas para dormir? ¿Estás cansado? ¿No puedes concentrarte? Sí, eso es estar enfermo de amor. Pero si tienes cinco de esos seis síntomas, también se podría diagnosticar que tienes un «episodio depresivo mayor», bajo los criterios del *DSM*. ¿Sientes todos los síntomas mencionados? A mí me parece que es amor. También es indistinguible del trastorno bipolar. Y Tallis, psiquiatra, dice que el amor está a menudo mal diagnosticado por los profesionales de la salud mental.

Defender que el amor es una enfermedad médica grave es mucho más fácil de lo que se cree. No olvidemos cuántas personas se suicidan o matan por amor. Sin embargo, curiosamente, no nos tomamos en serio el amor como una dolencia y, en general, lo vemos como algo no solo benigno, sino ampliamente recomendado y respaldado.

Si nos ponemos muy científicos, ¿a qué trastorno mental se parece más el amor? Al TOC (Trastorno Obsesivo Compulsivo). Estás obsesionado. No puedes controlar tu atención y dirigirla hacia tus responsabilidades. La antropóloga Helen Fisher afirma que las personas recién enamoradas pasan hasta el 85 % de sus horas de vigilia pensando en esa persona especial. El amor no solo cumple los criterios del TOC, sino que los datos neurocientíficos coinciden. Si observamos un cerebro enamorado o un cerebro con TOC en una resonancia magnética, es

difícil notar la diferencia. El córtex del cíngulo anterior, el núcleo cau-
dado, el putamen y la ínsula hacen horas extras. La psiquiatra Donate-
lla Marazziti sacó sangre a personas enamoradas y a personas con TOC
y descubrió que ambas tenían niveles de serotonina un 40 % más bajos
que los controles. ¿Qué ocurre cuando se vuelve a analizar al grupo de
enamorados, meses después, cuando la locura del romance se ha cal-
mado? Los niveles de serotonina vuelven a ser normales. (El científico
deja caer el micro).

Pero, ¿por qué la evolución querría provocarnos un TOC centrado
en alguien? ¿Cuál es el mejor encuadre para los síntomas y el comportamiento del amor? Obsesión se acerca, pero si miramos todos los
datos, la mejor metáfora es la adicción. No nos lavamos las manos
hasta que sangran como un ritual semiarbitrario, sino que perseguimos
algo que anhelamos. ¿Alguna vez has dicho: «Siempre quiero más de ti»?
Exactamente. Lo bueno es muy bueno y lo malo, increíblemente malo.
Consigue tu dosis con un mensaje y estás bien durante un rato, pero
pronto tu alma de adicto necesitará más mensajes con aún más emojis.

Las investigaciones demuestran que el cóctel amoroso de feniletil-
lamina, dopamina, norepinefrina y oxitocina que fluye por tu cerebro
adicto al amor proporciona un subidón similar al de las anfetaminas.
Y los datos de la resonancia magnética también apoyan el paradigma
de la adicción. Si se compara una resonancia magnética del cerebro
de una persona enamorada con otra inyectada con cocaína o morfina,
se observa el mismo patrón. Nuestro viejo amigo Arthur Aron dice
que el amor es un sistema de motivación. Al igual que los adictos
harían cualquier cosa para conseguir su droga, es ese mismo sistema
el que nos dice que vayamos a por esa persona especial.

Aquí estamos una vez más. Sí, acabo de agarrar lo que la mayoría
de la gente considera la parte más maravillosa de la vida y he dicho:
«No, es como la heroína alquitranada y todos somos una panda de
drogadictos enfermos mentales». No te culpo si estás pensando: «Barker, he disfrutado de décadas de feliz ignorancia sobre esto y no tengo
intención de dejarla atrás ahora». Lo entiendo. Así que antes de que
todos los que lean este libro sufran un ataque de nervios colectivo,
permitidme daros las tan necesarias buenas noticias.

Hay una excelente razón para toda esta locura. Primeramente (pero no necesariamente en primer lugar), sí, la evolución quiere que hagamos más humanos. Esa es la prioridad número uno para nuestros genes. Dejamos muchas cosas para más tarde, pero la evolución no se va a permitir ese sinsentido. La reproducción es nuestro cometido número uno, y activa el interruptor de anulación de la lógica, diciendo: «Déjame tomar el volante; esto es importante». Como dijo el famoso dramaturgo W. Somerset Maugham: «El amor es solo la artimaña que se nos hace para lograr la continuación de la especie».

Los psicólogos evolucionistas no tienen fama de románticos, pero el hecho de que el amor alcance los objetivos de la evolución no significa que no pueda alcanzar también los nuestros. Al igual que con la amistad, nuestros cerebros trabajan con el egoísmo del darwinismo para encontrar no solo un beneficio material, sino también alegría y plenitud. Nos engañamos pensando que los amigos son parte de nosotros y que la locura hace que la vida merezca la pena. De hecho, nuestra cabeza está llena de prejuicios positivos para contrarrestar las dificultades siempre presentes en el mundo. ¿Sabes cómo llaman los psicólogos a esos delirios optimistas? «Saludables». Los estudios han demostrado que las personas que carecen de esos sesgos son mejores a la hora de ver el mundo correctamente. ¿Sabes cómo llaman los psicólogos a esas personas? «Deprimidos».

A corto plazo, no confiar parece el movimiento defensivo más inteligente. A menudo es más prudente hacer menos que más. Podemos ser perezosos y no siempre hacemos lo que nos conviene. Pero al igual que la reproducción es la primera tarea de la evolución, la conexión es la primera tarea para nosotros como individuos. Así que la naturaleza nos obliga a estar, bueno, un poco locos. Adictos. Nos da un impulso motivador para alcanzar más y hacer más de lo que tiene sentido porque, al igual que el hambre se encarga de que no nos muramos por falta de comida, las ansias de amor se encargan de que no nos muramos emocionalmente en un mundo muy duro. Necesitamos que la locura nos empuje a vivir una buena vida.

Algunos replicarán: «Sí, necesitamos motivación, pero ¿por qué tenemos que volvernos locos? Eso no ayuda». En realidad, sí lo hace.

De hecho, la ciencia demuestra que volverse tarumba por el amor es nada menos que esencial. Ya hemos hablado de lo doloroso y aterrador que puede ser el amor para ti, pero, por favor, supéralo por un segundo. No eres el único que tiene miedo. ¿Qué pasa con la persona que te gusta? Ella también podría salir herida. ¿Y si tú eres Casanova, pero ella no es Henriette? ¿Crees que quiere que le rompan el corazón? Así que tenemos un problema de confianza. Un problema de comunicación. En otras palabras, un problema de señalización. ¿Recuerdas cuando hablamos de eso en la sección de la amistad?

Así que ¿cuál es la solución? «Las señales costosas». ¿Y sabes qué? Correr de un lado a otro como un drogadicto delirante, profesando sin cesar tu amor, actuando como un maníaco y tirando la precaución a la basura mientras ignoras el trabajo, te olvidas de pagar las facturas y envías mensajes de texto de tu obsesión trescientas veces al día, eso son señales bastante claras y costosas. ¿Qué es lo que suelen decir las personas que son cortejadas? «Demuéstrame que estás loco por mí». Bingo. El amor romántico no solo anula la racionalidad, sino que también destaca la anulación de la racionalidad.

Como dijo Donald Yates, «La gente que es sensata con el amor es incapaz de llevarlo a cabo». La lealtad irracional es la única que importa. Si mi lealtad se detiene cuando el análisis coste-beneficio para mí se va al traste, eso no es lealtad, es egoísmo. La lealtad es la disposición a pagar de más. Actuar como un loco en el amor es señalar a la otra persona que ya no actúas por egoísmo; de hecho, eres incapaz de hacerlo: «puedes confiar en mí porque estoy chiflado».

Y a nivel visceral lo sabemos. Utilizamos habitualmente la locura como indicador de la profundidad del amor. No queremos que el amor romántico sea racional, y somos escépticos respecto a la racionalidad en él. Lo práctico y sensato no es romántico. Lo no práctico e ineficiente no es muy sensato, pero hace que el corazón cante y baile. Pagar el alquiler de alguien no es romántico. Pero las rosas, que mueren y no tienen valor a largo plazo, sí lo son. Los diamantes son piedras absurdamente caras y tienen poco valor de reventa; extremadamente románticos. ¿Por qué pagar mucho dinero por flores o piedras que tienen poca utilidad práctica y ningún valor a largo plazo?

Porque indica que estás loco. La irracionalidad del amor es, irónicamente, excesivamente racional.

Y esto no es solo teoría. Si vivieras en una cultura que te permitiera deshacerte fácilmente de una persona y sustituirla, ¿esperarías que la locura del amor (y su poder de señalización) fuera más alta o más baja? Obviamente, más alta. La gente sería menos confiada, y las partes de Cupido de tu cerebro sabrían que tendrían que aumentar la locura para enviar una señal costosa. Y eso es lo que encontró el estudio «Passion, Relational Mobility, and Proof of Commitment» (Pasión, movilidad relacional y pruebas de compromiso). En las culturas en las que es más fácil salir con alguien o ignorarlo, las señales apasionadas serán más intensas. La locura es vital.

Y esa no es la única ventaja de la locura del amor. ¿Por qué nos volvemos tan locos de celos cuando estamos enamorados? Porque, una vez más, esa locura es (dentro de lo razonable) algo bueno. Las investigaciones demuestran que el propósito de los celos es proteger la relación. Eugene Mathes, de la Universidad Western Illinois, sometió a unas parejas no casadas a una prueba de celos y las volvió a examinar siete años después. Tres cuartas partes de ellas habían roto, mientras que la otra cuarta parte se había casado. ¿Adivinas qué grupo tenía la puntuación más alta de celos? Exactamente. Nos sentimos locamente celosos, incluso cuando no queremos, porque un toque de celos puede motivar a las parejas a mantener la relación.

Y luego tenemos la más importante, la más vital y la más maravillosa forma de locura que trae el amor: la idealización. Como todos sabemos, los enamorados idealizan a sus parejas. Es uno de los sellos más reconocidos del amor. Un estudio realizado en 1999 demostró que las personas con relaciones felices pasan cinco veces más tiempo hablando de las buenas cualidades de su pareja que de las malas. Como dijo Robert Seidenberg, «el amor es una religión humana en la que se cree en otra persona». Has escuchado a tus amigos idealizar a una nueva pareja, y parecen completamente locos. Pero, ¿sabes qué? Más vale que estén locos. Esa idealización no solo es dulce: también predice el futuro mejor que una bola de cristal. «Los resultados de los análisis concurrentes revelaron que las ilusiones en las relaciones predecían una mayor satisfacción, amor y confianza, y menos conflicto y ambivalencia tanto en las relaciones de pareja como en las matrimoniales». El realismo puede ser correcto, pero son nuestras ilusiones las que predicen nuestra felicidad en el amor. Y cuanto más locas, mejor. Las personas que más idealizaban a su pareja no sentían una disminución en la satisfacción de la relación a lo largo de un estudio sobre los tres primeros años de matrimonio.

Puede parecer que estoy recomendando que nos desconectemos de la realidad, pero en realidad no funciona así. Podemos ver la realidad y no ser neutrales al mismo tiempo. Cuando los investigadores preguntan a las personas en pleno enamoramiento sobre los aspectos negativos de su pareja, pueden reconocer e identificar lo malo. No están locos del todo. Pero descartan emocionalmente lo negativo: no es para tanto. O esos defectos son incluso «encantadores». Esta actitud ayuda a engrasar los ejes de una relación. Somos más complacientes cuando nuestro cerebro enamorado rebaja nuestras reacciones ante los defectos de la persona amada.

Pero los beneficios de la idealización loca no terminan ahí. Incluso evita el engaño a nivel neurocientífico. Si enseñas fotos de personas guapas a hombres y mujeres que tienen una relación, reconocerán que esas personas son guapas. Más adelante, les enseñas las mismas fotos, pero ahora dices que la persona guapa se siente atraída por ellos. ¿Adivinas lo que ocurre? Ahora es menos probable que digan que la persona es guapa. Este efecto se ha repetido una y otra vez. Se llama «derogación de alternativas». Cuando la gente está enamorada, su cerebro reduce el atractivo de otras personas que podrían amenazar la relación. Así que cuando los fantasmas de la atracción del pasado se acercan, la idealización te cubre las espaldas y se asegura de que esos exguapos no sean tan guapos a los ojos de tu pareja.

¿Recuerdas a las personas con HSAM, las que tenían una memoria perfecta para los eventos personales? ¿Y cómo eso estropeaba sus relaciones románticas? Pues bien, un estudio lo ha validado. Las parejas que recuerdan mal sus historias son menos propensos a separarse que las personas con recuerdos más precisos. Los hechos no importan tanto como la historia que nos contamos a nosotros mismos, cuando se trata de la felicidad. Necesitamos la locura. El amor es ciego, y debe serlo.

No hace falta decir que, cuando no hay idealización, ocurren cosas malas. Si estás a punto de pasar por el altar, más vale que te sientas como un loco. Las mujeres que se lo piensan dos veces antes de dar el «sí, quiero» tienen dos veces y media más probabilidades de divorciarse en cuatro años. En el caso de los hombres, el aumento es de más del 50 %.

Sencillamente, la idealización parece ser la «magia» fundamental para mantener el amor. Un estudio de 2010 descubrió que la «ilusión positiva» era el mejor indicador para mantener esas mariposas en el estómago por alguien. Pero ¿lo puede todo? ¿Puede durar? Sí. Y no me refiero a que la gente responda a las encuestas diciendo: «Oh, sí, nos queremos un montón». Es de esperar que la gente diga eso, como si fuera un acto reflejo. Pero en 2012, la neurocientífica social Bianca Acevedo realizó escáneres cerebrales por resonancia magnética funcional a parejas que llevaban casadas una media de más de veinte años. Cuando les mostró fotos de su cónyuge, algunos de ellos mostraron las mismas respuestas neuronales que se ven en las personas recién enamoradas. Y atención a esto: no solo puede durar, sino que puede mejorar aún más. Estas parejas no solo mostraban la firma neuronal asociada a la pasión por el otro, sino que además carecían de la ansiedad que encontramos en el nuevo amor. Toda la locura buena sin la locura mala. Sí, puede durar...

Pero normalmente no es así. Esas parejas son la excepción. La mayoría de las veces, el amor romántico decae al cabo de un año o año y medio. Esto se ve en los estudios de resonancia magnética, los análisis de serotonina en sangre y los datos de las encuestas. Los adictos se acostumbran a la droga y el subidón desaparece. Lógicamente, es comprensible. Nadie puede comportarse como un maníaco enamorado para siempre. Su cabeza explotaría y el mundo ardería. Como dijo el dramaturgo irlandés George Bernard Shaw: «Cuando dos personas se encuentran bajo la influencia de las pasiones más violentas, más insanas, más ilusorias y más pasajeras, deben jurar que permanecerán continuamente en esa condición excitada, anormal y agotadora hasta que la muerte los separe». Es muy poco realista pensar que el más alto de los subidones pueda durar siempre y para todo el mundo. Al igual que el universo físico, el amor también está sujeto a la entropía. La energía se extingue. El frenesí retrocede a lo normal. Las historias románticas no hablan de esta parte; los comediantes sí. Por un lado, es bueno saberlo. No estás haciendo nada necesariamente malo. Un desvanecimiento de las emociones es normal. Pero sigue siendo angustioso. ¿Qué mostró un estudio con casi 1.100 personas con relaciones de larga duración que era la mayor amenaza para la unión? «El desvanecimiento del entusiasmo».

Después de los primeros cuatro años de matrimonio, la satisfacción desciende un 15-20 % de media. (Imagínate que tu salario hace lo mismo). ¿Qué grado de felicidad personal tiene la mayoría de la gente dos años después de casarse? Richard Lucas, de la Universidad Estatal de Michigan, descubrió que son tan felices como antes de casarse. Regresión a la media. Entropía. Probablemente hayas oído hablar de estudios que demuestran que las parejas que cohabitan tienen más probabilidades de divorciarse. Se cree que uno de los motivos es que pasan por el periodo de amor loco antes de establecerse y casarse. Cuando se casan, la entropía ya ha entrado en acción.

Este declive no tiene por qué significar la perdición total. La mayoría de las parejas pasan de la locura de la pasión romántica a lo que se conoce como «amor sociable», un sentimiento más relajado y duradero de tranquilidad sin fuegos artificiales. Pero la idealización se desvanece. Un estudio de 2001 reveló que la «distorsión idealista» se redujo a la mitad cuando las parejas pasaron del compromiso al matrimonio. Es el ascenso del enemigo mortal del amor: la realidad.

La socióloga Diane Felmlee lo demuestra mejor que nadie con lo que llama «atracciones fatales». Los rasgos que inicialmente nos atraían de nuestras parejas suelen cambiar en nuestra mente para ser vistos como algo negativo. La tranquilidad se convierte en pereza. La fortaleza se convierte en terquedad. El cariño se convierte en apego. Casi la mitad de las parejas encuestadas lo han experimentado. A medida que la idealización disminuye, no es de extrañar que, tras cuatro años de matrimonio, las quejas de egoísmo sean más del doble.

Y menos idealización significa menos «derogación de alternativas». Tu cerebro deja de decirte que las posibles parejas alternativas atractivas no lo son. Mientras tanto, a medida que el matrimonio continúa, el sexo disminuye casi inexorablemente. De nuevo, las historias de amor no hablan de esto; los comediantes sí. Cree a los comediantes. La mayoría de las parejas practican sexo aproximadamente dos o tres veces por semana. Pero en todo el mundo, cuanto más tiempo se está casado, menos sexo se practica. De hecho, después del primer año de matrimonio, el sexo disminuye a la mitad. (Si esperabas que el matrimonio fuera una fiesta de *Eyes Wide Shut* de varias décadas, te vas a quedar muy decepcionado). ¿Sabes cuál es la búsqueda número uno en Google relacionada con problemas matrimoniales? «Matrimonio sin sexo». El 15 % de los casados no han practicado sexo en más de seis meses. (Y si eres alguien muy angustiado por la desigualdad en el mundo, vale la pena señalar que el 15 % de las personas practican el 50 % del sexo).

Sí, mantener el amor romántico durante el matrimonio es difícil. En realidad, es todavía peor: no hay que olvidar el sesgo de supervivencia. Todos los estudios anteriores que analizan a personas actualmente casadas están haciendo precisamente eso: solo estudian a los que duraron, no a los que ya tiraron la toalla.

Lamentablemente, el amor romántico normal no es tan duradero como su variante más patológica: la erotomanía. No, ese trastorno no tiene que ver con el sexo. La erotomanía es la forma más extrema de amor, y una enfermedad mental reconocida. Las personas con erotomanía pueden acechar, pero rara vez hacen daño a alguien o causan demasiados problemas. La mayoría de los que la padecen son mujeres que creen que un hombre famoso está locamente enamorado de ellas (a pesar de que él nunca las ha conocido y no tiene ni idea de quiénes son). Está clasificado como un trastorno delirante en el *DSM*; obviamente es más delirante que el amor cotidiano, pero tampoco llega al nivel de delirio de los que ven extraterrestres y hadas. Irónicamente, muestran todas las cualidades que admiramos en un amante. Debería llamarse «Trastorno de la Comedia Romántica». Nunca se rinden, nunca dejan de creer y sienten que el amor lo puede todo. Son los románticos por excelencia. Y su condición suele ser crónica, ya que responde mal al tratamiento. Es trágico que la forma de amor romántico más duradera, más capaz de perdurar, sea aquella en la que realmente se tiene un trastorno mental. Pero cabe destacar que solo es erotomanía si la otra persona no corresponde a tus sentimientos. Si lo hace, eres la persona más romántica de la historia.

No queremos la erotomanía. Si tuviéramos que elegir un trastorno mental real, sería «folie à deux» (técnicamente, trastorno psicótico compartido en el *DSM-IV*). Es cuando dos personas se vuelven locas a la vez. Se tiene que haber logrado una conexión íntima con la persona para ser susceptible a sufrirlo, y separar a la pareja es una parte esencial del tratamiento. Está infradiagnosticado. ¿Por qué? Porque rara vez buscan ayuda. Sí, pueden creer algunas locuras juntos, pero los delirios suelen ser benignos. Nuestro objetivo debería ser una forma suave de *folie à deux*: una cultura única de dos, con sus propias creencias y rituales locos pero inofensivos. Una historia tonta pero plena del mundo y de su unión, que sea especial, idealizada y significativa. Una que no tiene mucho sentido para nadie más allá de la pareja. Pero no hace falta. Las relaciones más románticas de mi vida han sido así, y supongo que tú has experimentado lo mismo.

Entonces, ¿cómo conseguimos algo más cercano a la *folie à deux*? ¿Cómo luchar contra la entropía y mantener la idealización? La mayoría de las historias de amor son de poca ayuda. Las complicaciones del matrimonio comienzan donde ellas terminan. Y, como hemos visto, los cuentos de hadas nos llevan por el mal camino. Creer que se supone que es fácil, mágico y pasivo es un gran problema cuando se sabe que se necesita un trabajo proactivo para resistir la entropía.

Los dolores del amor romántico son una adicción, pero en cierto modo es más fácil. Realmente no está en tus manos. El amor conyugal es una elección, y una que requerirá un esfuerzo diligente y constante a lo largo del tiempo.

Amar es un verbo. Si quieres tener buen aspecto y estar sano, tienes que trabajar conscientemente en ello. El amor no es diferente.

Entonces, ¿qué tenemos que hacer? Lo que vamos a descubrir es que la entropía no es la mayor amenaza a la que nos enfrentamos. Un enemigo más peligroso se cierne en el horizonte. Podemos superarlo si tenemos las herramientas adecuadas. Pero recibimos muchos consejos pésimos cuando se trata del amor. ¿Las respuestas están en la razón lógica o las emociones?

Resulta que este es un debate que viene de lejos, ilustrado, curiosamente, por la obra de Edgar Allan Poe...

Capítulo 13

¿La vida es pasión o lógica? Esta cuestión alcanzó su punto álgido entre los siglos XVII y XIX. En el siglo XVIII tuvimos la era de la Ilustración. Racionalidad. Razonamiento. *Cogito, ergo sum.* Las leyes de Newton. Pero eso dio paso a la era del Romanticismo en el siglo XIX. No significaba exactamente «romántico» con corazones y el día de San Valentín; se trataba de las ideas de que los sentimientos, la inspiración y el inconsciente eran más importantes. La era de la Ilustración era todo reglas; la era romántica odiaba las reglas y era todo emociones.

Y nadie encarnó el Romanticismo más que Edgar Allan Poe. Poe era como si alguien hubiera tomado una lista de tropos oscuros y hubiera marcado todas las casillas. ¿Infancia melancólica? Sí. El padre abandonó a la familia antes de que él cumpliera dos años. La madre murió de tuberculosis cuando él tenía tres años. ¿Artista hambriento? Sí. Poe fue el primer autor norteamericano que se ganó la vida únicamente escribiendo, lo cual era una idea terrible en su momento (y, deja que te diga, no ha cambiado mucho desde entonces). ¿Un genio difícil e incomprendido? Sí. Sus personajes eran todos neuróticos, delirantes, tristes y vengativos. También eran autobiográficos. ¿Una vida llena de tragedia seguida de una muerte misteriosa? Sí. Su esposa muere de tuberculosis al igual que su madre. Más tarde se lo encuentra vagando por las calles delirando, muere por una causa desconocida, sin que se puedan encontrar todos los registros, incluido su certificado de defunción. Puntos extra: también era un alcohólico con problemas de juego.

Pero su obra dejó un legado asombroso. Todo el mundo, desde Mary Shelley hasta Alfred Hitchcock y Stephen King, dirían que les influyó. La obra de Poe es más gótica que el lápiz de ojos negro. Fue un maestro de lo macabro. Poe escribió ficción y poesía que tratan de la venganza, el entierro prematuro y otras cosas de las que no se habla lo suficiente en las comidas familiares. Todos lo leímos en el instituto porque, francamente, qué podría ser más apropiado para los años hoscos y de poca atención de la adolescencia que las historias morbosas que son más bien cortas. Y nada sería más emblemático de la época romántica que su obra maestra, «The Raven» (El cuervo).

Se publicó con gran éxito en 1845 (aunque Poe solo recibió nueve dólares por él). Se dice que Abraham Lincoln memorizó el poema. El equipo de fútbol americano Baltimore Ravens se llama así en su honor. Incluso se satirizó en un episodio de Halloween de *Los Simpson*. En muchos sentidos, encarna los valores de la era romántica. Aborda el amor, la pérdida, la muerte y la locura, y es una lectura apasionante, un viaje emocional y un terrible cuento para niños. Su lenguaje estilizado y musical teje una red de lúgubre misterio emocional que hace referencia a lo oculto, a la Biblia e incluso a los antiguos clásicos griegos y romanos. Uno puede imaginarse fácilmente que se escribió en un frenesí inspirado o en una neblina de opio como el «Kubla Khan» de Coleridge.

Así que tenemos a nuestro ganador. La brillantez apasionada supera la lógica fría y clínica, ¿verdad?

En realidad... no. En 1846, Poe publicó un ensayo, *Filosofía de la composición*, que describe cómo escribió «El cuervo», y es exactamente lo contrario de lo que probablemente esperabas: «Es mi propósito poner de manifiesto que ningún punto de su composición es referible ni a la casualidad ni a la intuición: que la obra procedió, paso a paso, hasta su finalización con la precisión y la rígida consecuencia de un problema matemático».

Explica un proceso que es tan mecánico y clínico como el diagrama de montaje que viene con los muebles de IKEA. Cada palabra, cada signo de puntuación, se ha elegido deliberada y racionalmente, sistemáticamente, para lograr un efecto en la mente del lector. Lejos de una inspiración inefable, es una solución lógica de problemas. Al hablar de la rima del verso, parece que está describiendo literalmente una ecuación matemática: «La primera es trocaica; la segunda es una octamétrica acataléctica, alternando con la heptamétrica cataléctica que se repite en el estribillo del quinto verso, y terminando con la tetramétrica cataléctica».

¿Te parece una locura? No olvides que Poe era un crítico. Se ganaba la vida analizando y desmenuzando clínicamente historias. También inventó la novela policíaca, un género racionalista donde los haya. Sir Arthur Conan Doyle atribuye a la obra de Poe el mérito de haberle inspirado al poco emotivo Sherlock Holmes.

Así que ahí lo tienes: bajo el Romanticismo se esconde a menudo la lógica del pensamiento de la Ilustración. La emoción impulsiva debe dar paso a la racionalidad.

En realidad... no. Poe decía que utilizó la lógica y ensambló «El cuervo» como un buen reloj suizo. Pero algunas personas —entre las que se encuentra nada menos que T. S. Eliot— pusieron en duda que fuera cierto. La opinión de muchos, incluidos algunos expertos en literatura de hoy en día, es que *Filosofía de la composición* fue escrita satíricamente.

Y esta teoría no es exagerada. En su época, Poe era todo un bromista. Su primera historia publicada fue una sátira. Y le encantaba utilizar seudónimos para confundir a la gente. Lo hacía, no solo para esquivar a los acreedores, sino también para acusar a la gente de plagio. ¿A quién acusaba? A sí mismo. Un escritor llamado «Outis» afirmó que «El cuervo» había robado claramente ideas de otro poema, «El pájaro del sueño». Muchos creen que Outis era, en realidad, Poe. ¿Sabes qué significa Outis en griego? «Nadie». (Nivel de troleo de Poe: Experto.)

En nuestras relaciones, todos luchamos con la cuestión de la pasión frente a la lógica, especialmente en el ámbito de la comunicación. Cuando el ardor se desvanece, ¿nos centramos en reavivar la llama o en construir un sistema consciente que pueda sostener un hogar y una vida ajetreados? Es difícil conocer el camino, y encontrar un equilibrio entre las habilidades científicas y los sentimientos.

En el caso de Poe, ¿cuál era la verdadera respuesta? ¿Nociones apasionadas e inspiradas o lógica rigurosa y practicidad sistemática? Lamentablemente, nunca lo sabremos. Pero sí sabemos el nombre de la época que vino después de la sistematización de la Ilustración y las pasiones del Romanticismo. ¿Y cómo se llamó ese periodo?

«Realismo».

* * *

La asesoría matrimonial fue creada por los nazis. En serio. Fue una iniciativa del movimiento eugenésico creada en la Alemania de los años 20. Y si te hace sentir mejor, no funciona. Solo entre el 11 y el 18 % de las parejas logran mejoras notables. Como informa el *New York Times*, dos años después de la terapia, una cuarta parte de los matrimonios que buscaron ayuda están más deteriorados que nunca, y después de cuatro años, el 38 % se separa.

Pero, ¿por qué no funciona? La mayoría de las parejas esperan demasiado tiempo para acudir. Hay una media de seis años de retraso entre las primeras grietas en un matrimonio y la obtención de ayuda. Pero debería ser capaz de ayudar algo incluso en ese momento, ¿verdad? No, y eso se debe al mayor enemigo al que puede enfrentarse una pareja: la ASN.

Aunque la entropía hace decaer la felicidad de un matrimonio con el paso del tiempo, no es una progresión lineal descendente para todos. A menudo, hay un cambio de fase. El agua se enfría, y luego se enfría más, y luego más, y luego se convierte en hielo. Algo completamente diferente. En el matrimonio esto se conoce con el término apropiadamente intimidante de «anteposición del sentimiento negativo» (ASN). La ASN es un pólipo en el colon del amor.

Ya no estás «algo menos feliz» con tu unión, estás tan entusiasmado con tu matrimonio como lo estaban las últimas esposas de Enrique VIII con el suyo. Sospechas que tu pareja es, secretamente, una persona-lagarto envuelta en un traje de piel humana. Acumulas agravios del mismo modo que los acaparadores guardan recuerdos. Tu pareja es la fuente de todos tus problemas, enviada por una fuerza malévola para arruinar tu vida.

La idealización no se ha desvanecido, sino que se ha invertido. Si el amor es una ilusión positiva, la ASN es una desilusión total. Tienes un sesgo en contra de tu pareja. Los hechos no han cambiado necesariamente, solo tu interpretación de los mismos. En lugar de atribuir los problemas al contexto, ahora los atribuyes a los rasgos negativos del carácter de la persona. Hoy te olvidaste de sacar la basura, pero en lugar de suponer que fue porque estabas ocupado, ahora mi suposición principal será que es porque eres una persona horrible empeñada en volverme loco lentamente.

El famoso psicólogo Albert Ellis lo llama «diabolización». Se trata de pasar de tratar con alguien que supones que tiene buenas intenciones, pero que ocasionalmente comete errores, a alguien que supones que se ha forjado en las fosas más oscuras del Hades, pero que ocasionalmente hace algo bueno. Y ahora que se ha producido el cambio, nuestro viejo amigo, el sesgo de confirmación, entra en acción y te conviertes en un cerdo trufero de los errores de tu cónyuge, engrasando el engranaje de una espiral que ya está en decadencia. Un estudio de Robinson y Price demostró que las parejas infelices no notan ni la mitad de la positividad en su matrimonio. Si tu cónyuge hace algo bueno para intentar salir del agujero, ahora el 50 % de las veces ni siquiera lo ves.

Y esto lleva a más gritos que acaban con el matrimonio, ¿verdad? Probablemente no. La escalada de gritos solo conduce al divorcio en el 40 % de los casos. La mayoría de las veces, los matrimonios terminan con un gemido, no con una explosión. Gritas porque te importa. Y una vez que la ASN se ha establecido seriamente, deja de importarte. La gente deja de negociar con la semilla del diablo y empiezan a vivir vidas paralelas. Y eso es lo que suele preceder al divorcio.

¿Cómo empieza esta espiral? Comienza con un secreto. Tienes un problema con algo, pero no lo dices. Tal vez crees que sabes lo que diría. Una suposición. Y como hemos comentado en la sección 1, somos terribles para leer la mente, incluso la de nuestra pareja. Como dijo George Bernard Shaw: «El mayor problema de la comunicación es la ilusión de que ya se ha producido». Y con el tiempo se habla menos y se supone más. «Está callado, así que debe de estar enfadado» o «Ha dicho que no al sexo, así que no debe de quererme». Las suposiciones tácitas empiezan a multiplicarse hasta que no tienes conversaciones con tu pareja, solo las tienes contigo mismo porque «sabes» lo que diría. A veces no pedimos una aclaración o decimos algo porque «él/ella ya debería saberlo». Pero aquí en el planeta Tierra la gente no puede escuchar lo que no dices. El vertedero emocional crece. Se acumulan los intereses compuestos de la perdición matrimonial. Y tu matrimonio navega hacia el futuro como un pájaro hacia una puerta corredera de cristal.

Hay que comunicarse. Es un tópico, pero es cierto. La comunicación es tan vital que la timidez está relacionada con una menor satisfacción matrimonial. Mientras tanto, la pareja media en la que ambos miembros trabajan, pasa menos de dos horas a la semana intercambiando opiniones. Hay que hablar.

Sí, eso significa que vas a discutir más. Pero ¿sabes qué? Pelear no acaba con los matrimonios; evitar los conflictos sí. Un estudio de recién casados demostró que, al principio, las parejas que rara vez se peleaban estaban más satisfechas con sus matrimonios. Pero esas mismas parejas resultaron estar en vías de divorcio cuando los investigadores volvieron a comprobarlo al cabo de tres años. Y un artículo de 1994 demostró que, después de treinta y cinco años, las parejas que discutían apasionadamente eran las únicas que seguían teniendo un matrimonio feliz. Curiosamente, un umbral más bajo de negatividad es bueno para el matrimonio.

Si algo te molesta, es más probable que lo saques a relucir, y entonces es más probable que se solucione. John Gottman, uno de los mejores investigadores de relaciones, dice: «Si no se discute, y no se puede o no se quiere hacerlo, es una señal de alarma importante». «Si estáis "comprometidos" con la relación y aún no habéis tenido una gran discusión, hacedlo cuanto antes». Tenéis. Que. Hablar.

El 69 % de los problemas existentes nunca se resuelven. No, no lo digo para deprimirte. La cuestión es que no se trata de lo que se habla, sino de cómo se habla. Todo el mundo cree que el problema es la claridad, pero los estudios demuestran que la mayoría de las parejas (si hablan) son bastante claras, de hecho. Y no se trata de resolver el problema, porque más de dos tercios de las veces no se va a resolver.

Como señala Gottman, lo que importa es el afecto con el que no se resuelve el problema.

Se trata de regular, no de resolver, el conflicto. La guerra es inevitable, pero hay que obedecer las reglas de la Convención de Ginebra. Nada de guerra química. Nada de torturar a los prisioneros. Maya Angelou dijo una vez: «He aprendido que la gente olvidará lo que dijiste, olvidará lo que hiciste, pero nunca olvidará cómo les hiciste sentir». Y tiene razón. Si se hace una encuesta a las parejas sobre sus desacuerdos más recientes, el 25 % de las veces ni siquiera recuerdan de qué se trató la discusión, pero sí recuerdan cómo se sintieron. Y eso es lo que afecta a su matrimonio. Cuando se pregunta a los divorciados qué cambiarían de su anterior matrimonio, la respuesta número uno es «la comunicación».

Así que vamos a hacer un curso intensivo de habilidades de comunicación marital guiado por el trabajo de Gottman. Su investigación le permite prever qué parejas se divorciarán en tres años con un 94 % de precisión, una cifra a la que nadie se acerca. La cara de este tipo debería estar en el Monte Rushmore de los matrimonios. Gottman sabe que necesitamos la lógica de la época de la Ilustración para diagnosticar los problemas, pero que los sentimientos de la época del Romanticismo son el objetivo final.

Lo que Gottman comprendió es que no es la cantidad de negatividad en un matrimonio lo que predice el divorcio, sino el tipo de negatividad. Lo llamamos «el efecto Tolstói». En Anna Karenina, Tolstói escribió: «Todas las familias felices se parecen, pero una familia infeliz es infeliz a su manera». Y por suerte para nosotros, estaba totalmente equivocado. En el caso de los matrimonios, ocurre lo contrario. Las parejas felices crean una cultura única de dos, como la *folie à deux*. Pero, como descubrió Gottman, las parejas infelices cometen todas los mismos cuatro errores. Y si los aprendemos, podemos evitarlos.

Él llama a estos problemas los cuatro jinetes, y predicen el divorcio en un 83,3 % de las veces.

1. CRÍTICA

Quejarse es muy saludable para un matrimonio. De nuevo, esto evita esos «secretos» que se enconan, engendran suposiciones y conducen a la ASN. La crítica es el problema mortal. Quejarse es decir que no sacaste la basura. Criticar es decir que no sacaste la basura porque eres una persona horrible. Lo primero es sobre un evento, lo segundo es sobre tu personalidad fundamental. Podemos arreglar los acontecimientos. Pero atacar a la personalidad de alguien no suele salir muy bien. Las quejas suelen empezar por «yo» y las críticas suelen empezar por «tú». Si una frase empieza por «tú siempre» y no termina con «me haces muy feliz», probablemente sea una crítica, y puedes esperar que tu cónyuge responda con toda la artillería.

Así que convierte tus críticas en quejas. Dirígete al hecho, no a la persona. O mejor aún, considera tus quejas como «objetivos» para alcanzar o como problemas que hay que resolver. La crítica es algo que las mujeres hacen mucho más que los hombres, pero no te preocupes, pronto llegaremos a los problemas que suelen causar los chicos.

2. EVASIÓN

Y aquí tenemos lo que los hombres hacen en las discusiones y que predice poderosamente el divorcio. La evasión se produce cuando te cierras o te desconectas en respuesta a los problemas que plantea tu pareja. Sí, hay muchos momentos en la vida en los que no quieres perder una buena oportunidad para callarte, pero la evasión transmite «tú o tus preocupaciones no son lo suficientemente importantes como para que les preste atención». No reduce el conflicto: en la mayoría de los casos lo aumenta. Para muchos hombres, Gottman ha descubierto que el problema funciona a nivel fisiológico. Cuando los niveles de adrenalina de los hombres se disparan, no vuelven a la normalidad tan rápidamente como los de las mujeres. La solución es hacer pausas largas. Si la discusión se vuelve demasiado acalorada, pide volver al debate en veinte minutos, cuando las hormonas que te llevan instintivamente a la lucha o a la huida hayan bajado.

3. ESTAR A LA DEFENSIVA

Gottman define la actitud defensiva como cualquier cosa que transmita: «No, el problema no soy yo, eres tú». Esto, por su propia naturaleza, hace escalar el conflicto. Estás invitando a los pirómanos a apagar el fuego. Negar la responsabilidad, poner excusas, repetirse o utilizar el temido «Sí, pero...» son ejemplos de actitud defensiva. No contraataques ni esquives. Escucha, reconoce los problemas que te plantea tu pareja (por muy ridículos que te parezcan) y espera tu turno para evitar una escalada.

Y luego tenemos el número 4, que tiene su propia categoría...

4. DESPRECIO

El desprecio es el mayor predictor de divorcio que encontró Gottman. El desprecio es cualquier cosa que implique que tu pareja es inferior a ti. Insultar, ridiculizar o menospreciar son ejemplos de ello. (Sí, poner los ojos en blanco es una de las peores cosas que se pueden hacer en un matrimonio, y eso está respaldado por datos). El desprecio casi nunca se ve en los matrimonios felices. Gottman se refiere a él como «ácido sulfúrico para el amor». En pocas palabras, es el camino hacia la ASN. No lo hagas.

Voy a ser muy realista. No vas a recordar todo lo que hay en este capítulo. Así que si se te olvida todo lo demás, recuerda esto: la forma de empezar una discusión es superhipermegaimportante. Solo con escuchar los tres primeros minutos de una discusión, Gottman podía predecir el resultado en el 96 % de las ocasiones. Simple y llanamente: si se empieza con dureza, se acabará con dureza. Y el inicio duro no solo predijo el resultado de la conversación, sino que predijo el divorcio. Si sabes que vas a plantear un tema a tu pareja que puede llevar a una pelea, respira hondo primero. Coméntalo, no critiques. Descríbelo con neutralidad. Empieza de forma positiva. Puede que tengas razón, pero no hace falta que lo hagas más difícil de lo necesario comenzando como un ataque.

Sé que hay que recordar muchas cosas. Y, en la confusión y los gritos del momento, será aún más difícil hacerlo correctamente. Pero no importa. Los tres primeros jinetes están presentes incluso en los matrimonios felices. Nadie es perfecto. ¿Recuerdas que dije que los cuatro jinetes predicen el divorcio el 83,3 % de las veces? Sí, 83,3 no es 100. Y la razón por la que no es 100 es lo que Gottman llama «reparación»: calmar y apoyar al otro, reír o mostrar afecto en medio de una discusión. Cogerle de la mano. Hacer una broma. Esto frena la escalada. Incluso las parejas con muchos jinetes merodeando por ahí pueden tener matrimonios estables y felices si reparan. Y una de las razones por las que la ASN es tan letal es porque impide ver esos intentos de reparación por parte de la pareja. Eso significa que el coche del conflicto no tiene frenos.

¿Cuál es la perspectiva general que hay que tener en cuenta que encapsula gran parte de todo esto? Bueno, Gottman hace hincapié en la importancia de la amistad en un matrimonio y eso es muy cierto. Pero creo que una idea más útil que conviene considerar es la noción del escritor Alain de Botton de tratarse como a niños. No, no seas condescendiente como lo harías con un niño, pero creamos muchos problemas porque esperamos que nuestra pareja sea siempre un «adulto» competente y emocionalmente estable. No lo es. Yo no lo soy. Y tú no lo eres. Como dijo una vez el humorista Kin Hubbard: «Los niños siempre serán niños, y también muchos hombres de mediana edad». Mostrar la generosidad y la compasión que naturalmente le das a un niño cuando está enfadado, es una forma sencilla de evitar muchos de los problemas que creamos. Es menos probable que pensemos que un niño está motivado por una maldad consciente. Pensamos que debe estar cansado, hambriento o de mal humor. Esto es, francamente, algo excelente para pensar con cualquier persona.

No esperes que alguien sea siempre racional. Cuando Tom Stoneham, profesor de Filosofía de la Universidad de York, enseña lógica, siempre dice: «No hagáis esto en casa o acabaréis infelizmente solteros». Cuando un niño de cinco años se pone a gritar e insultarte, no le gritas tú también a él y lo llamas cagarruta. Con los niños solemos tratar las emociones como información, y este es un gran consejo. No juzgamos, escuchamos y nos centramos en el problema real. Somos mucho más caritativos. Y esa inyección de emoción positiva marca la diferencia. La vida adulta es dura, y cuando alguien nos libera de esa enorme responsabilidad y se da cuenta de que por dentro siempre somos un poco niños malhumorados, hace maravillas. Y esto no es solo una especulación. Un estudio de 2001 muestra que las personas que son compasivas con su pareja durante las discusiones tienen un 34 % menos de ellas, y duran la mitad.

Espectacular. Hemos terminado, ¿verdad? No.

No basta con reducir la negatividad y las peleas. Eso puede hacer que un matrimonio sea «estable» (que es un término técnico para decir «normalito»), pero no lo hará genial. Actualmente tengo una relación «no negativa» con todos los desconocidos de este planeta. Eso no es amor. Sí, reducir los negativos verdaderamente letales, como los cuatro jinetes, es necesario, pero no suficiente. Los estudios han demostrado que, aunque lo negativo duele, en realidad es la pérdida de lo positivo lo que acelera los matrimonios hacia la tumba.

Más concretamente, Gottman se dio cuenta de que lo más importante es una proporción de 5:1 entre lo positivo y lo negativo. Por eso, la cantidad absoluta de negativo no importa. Mientras haya suficientes momentos buenos para compensarlo, una relación puede prosperar. Las parejas abocadas al divorcio suelen tener una proporción de 0,8 positivos por cada negativo. Pero tampoco hay que tener muy poco negativo. Si hay 13 positivos por cada negativo, probablemente no te estés comunicando lo suficiente. Hay que hablar, hay que discutir. Es un equilibrio. (Lo fascinante es que esto se aplica a todas las relaciones. Las amistades necesitan una proporción de 8:1 entre lo positivo y lo negativo. Y con tu suegra el número es 1000:1).

Así que ya sabemos cuál es nuestro próximo objetivo: aumentar lo positivo. Es hora de poner el *funk* en la relación «funkcional». Queremos la versión «todo» del matrimonio «todo o nada» de Eli Finkel.

Pero no queremos simplemente el incremento de más positivos. Queremos un cambio de fase como la ASN, pero en la otra dirección. Queremos un retorno a la magia, a la idealización. Queremos que el sesgo de confirmación vuelva a estar de nuestro lado. Un nuevo e impresionante par de gafas de color rosa.

Esto me pone en una situación interesante, en realidad. Soy el chico de la ciencia que siempre dice que tenemos que observar los hechos y los datos, y ser racionales. En la introducción de este libro hice un juramento de sangre para destruir los mitos no científicos con la motosierra de Occam. Muy de la época de la Ilustración. Pero ahora necesitamos algo de Romanticismo. El delirio. La idealización que es la magia del amor. El mundo es duro, y necesitamos nuestras ilusiones para forjar juntos una verdad mayor.

Esto es un nuevo territorio para mí. Tengo que pasar de ser el asesino de prejuicios a ser el protector de prejuicios. Puedo ver el eslogan de la película veraniega: Lo que fue diseñado para destruir, ahora debe defender. (¿Por qué está sonando el tema de *Terminator 2* en mi cabeza ahora mismo?).

Entonces, ¿cómo podemos aumentar lo positivo y renovar la magia del amor? Veamos a alguien que tiene que hacer precisamente eso. A diario, de hecho...

Capítulo 14

Imagina que mañana te despiertas pensando que es 1994. En ese año tienes treinta y un años y una pareja. Esperas que *Friends* sea un programa nuevo en la televisión y que *El Rey León* sea el número uno en la taquilla. Pero, por supuesto, una vez que te levantas, en el calendario no ves que estés en 1994. Te miras en el espejo y está claro que no tienes treinta y un años, sino algunas décadas más. Ah, y ya no tienes «pareja»: ahora estás casado (enhorabuena, por cierto), pero no recuerdas nada de lo que ocurrió entre 1994 y este momento. Bastante desorientador, ¿no?

Ahora imagina que esto sucede todos los días. Cada mañana empiezas pensando que es 1994, sin recordar nada de lo que ha ocurrido desde entonces. Tienes lo que se llama «amnesia anterógrada». No, no es lo que tenía Jason Bourne. Él olvidó su pasado. Eso es «amnesia retrógrada». Anterógrada significa que no puedes crear nuevos recuerdos, al menos ninguno que dure mucho tiempo. Para ti, persisten durante aproximadamente un día. Te mueves por el mundo sin problemas, pero nada se te queda grabado hasta mañana. La gente dirá que hiciste esto o aquello, y tendrás que creer en su palabra. Si te recuerda a la película *Memento*, estás en lo cierto. Y esa película ha sido alabada por los neurocientíficos de Caltech por ser extremadamente precisa.

Disculpen todas las referencias cinematográficas, pero aunque las diversas formas de amnesia son comunes en la ficción, son poco frecuentes en la vida real y suelen ser breves. Lo más parecido a esto que tenemos la mayoría de nosotros es una versión temporal provocada por un exceso de cócteles. Pero no para ti y tu problema de 1994. Esto es crónico. Y como vimos con la HSAM, la memoria es poco conocida, incluso por los expertos. Los médicos no pueden arreglar esto.

Así que leer este libro es una causa perdida para ti. Mañana no recordarás lo que has leído hoy. La ventaja es que puedes disfrutar de tus episodios de televisión favoritos una y otra vez como si fuera la primera vez que los ves. Tratar con la gente es más difícil. A menos que ya los conocieras en 1994, siempre serán extraños para ti, aunque los veas todos los días. Entenderás la incomodidad y sus expectativas, pero no sabrás por qué creen que te conocen. Todos los días.

Gracias a Dios que confías en tu propia letra. Has dejado un montón de notas para ti. Un sistema que te ayuda a seguir adelante. Pero salir siempre es un riesgo. A veces los recuerdos no duran ni un día; a veces son solo minutos y te conviertes en Dory de *Buscando a Nemo*. Y mañana volverá a ser así. Y todos los días. Te despertarás con tu mente en 1994, pero el mundo habrá avanzado.

Por suerte, esta no es tu vida. Pero es la vida real de Michelle Philpots. Después de dos accidentes de tráfico a mediados de los 90, tuvo convulsiones y su memoria empezó a deteriorarse. Y un día dejó de crear nuevos recuerdos que duraran más de un día.

Sí, es trágico, pero no todo es malo. No está sola. Tiene a su marido, Ian. Aunque en realidad, hay que matizarlo. En 1994, Ian era su novio. Así que cada mañana, para ella, sigue siendo su novio (y un novio que ha envejecido dramáticamente de la noche a la mañana). Pero para Ian, y para el resto del mundo, es su marido y lo ha sido durante más de dos décadas.

Así que Ian debe recordárselo. Todos los días. Bueno, en realidad, no «recordárselo», porque los recuerdos no están ahí. Él no dice «estamos casados» y entonces ella responde «¡Ah, sí!». Él dice «estamos casados» y ella dice «¡¿En serio?!». E Ian saca el álbum de boda, tal y como hizo ayer. (Y continuando con nuestra discusión sobre el cine relacionado con la amnesia, si estás pensando en la película de Adam Sandler y Drew Barrymore *50 primeras citas*, te llevas una estrella de oro).

Y debe de ser muy convincente, porque consigue que ella se lo crea todos los días. Imagínate tener que engatusar a tu cónyuge cada mañana, pero con la verdad. Al principio, debe parecerle una broma muy elaborada. Claro, ella puede ver en el espejo que ya no tiene treinta y un años, pero emocionalmente debe ser difícil aceptar esto que todos los demás siguen llamando «realidad».

¿El amor puede sobrevivir cuando los recuerdos desaparecen? Me complace poder responder a esta pregunta con un convencido sí. La ciencia es fascinante, con esto. Como vimos con la HSAM, no todos los recuerdos son iguales. Con esa enfermedad, la memoria para hechos abstractos («memoria semántica») es normal. Sin embargo, los pacientes con HSAM recuerdan perfectamente los acontecimientos personales («memoria episódica»). Estas memorias son distintas, y están separadas en el cerebro. Jason Bourne no olvidó sus habilidades en las artes marciales, y eso es correcto. En la amnesia retrógrada, las personas olvidan su pasado, pero no pierden la «memoria procedimental»: cómo caminar, cómo conducir un coche o, en el caso de Bourne, cómo patear traseros. Michelle ha perdido la capacidad de crear nuevos recuerdos semánticos y episódicos, pero su memoria procedimental está bien. Puede que no recuerde la contraseña de su *smartphone*, pero puede recordar el patrón de dígitos que marca con los dedos.

Pero esos no son los únicos tipos de memoria que tenemos. Maravillosamente, también tenemos «memoria emocional». En la amnesia anterógrada, esos sentimientos de amor permanecen y pueden seguir creciendo, aunque los hechos y los eventos no se mantengan. Por suerte, Michelle recuerda el amor que tuvieron Ian y ella en los años noventa. Y esos recuerdos emocionales pueden crecer. Solo que los hechos de su historia deben ser refrescados cada día. Así que mañana por la mañana, Ian sacará su álbum de boda una vez más para recordarle pacientemente su historia de amor.

Tal vez retoque la historia algunos días. No de forma maliciosa, por supuesto. La edita y la condensa, así que, por supuesto, cambia. Debe reescribirla hasta cierto punto simplemente porque su propio cerebro lo hace.

¿Qué darías para poder reescribir un poco el pasado? Para tener una segunda oportunidad. ¿Para vivir una nueva historia de amor?

Los sentimientos siempre están ahí, pero imagina una historia nueva y mejorada para reafirmarlos. Y revivirla a diario. Un ritual para recordar y reescribir el amor. Una pequeña brasa puede volver a convertirse en un fuego rugiente cuando se la cuida. Un fénix que renace.

Puede que no tengas amnesia anterógrada, pero eso no significa que esto sea menos cierto para ti. No solo puedes recordar tu historia de amor, sino que también puedes reescribirla. La esperanza y el poder de una historia reescrita no es menos cierta para ti.

Para seguir igual, debe cambiar. Así es como te enamoras de alguien una y otra vez.

* * *

El amor romántico requiere un desfibrilador. Algo que mantenga el corazón en marcha cuando se detiene o se tambalea. Queremos recuperar la magia. Esa historia, esa idealización del amor temprano. Y podemos conseguirlo. Hemos visto en los datos de la resonancia magnética que algunas parejas lo mantienen durante décadas. ¿Pero, cómo?

Me alegra informar de que hay cierto equilibrio en el universo. Sí, la ASN da miedo, pero también existe la ASP: la anteposición del sentimiento positivo. Es el término elegante para la magia, la idealización, la historia no exactamente verdadera pero ay, qué maravillosa. Si los que están atrapados en el Hades de la ASN tienen un sesgo negativo, buscan constantemente errores en su pareja, los que tienen ASP despiertan buscando confirmar todo lo bueno y maravilloso de su pareja y de su relación. Las cosas positivas son duraderas; las negativas, bueno, mi maravilloso cónyuge debe de estar teniendo un día difícil.

La idealización del amor romántico temprano no está bajo nuestro control. Por eso parece un cuento de hadas. Pero hemos visto que a menudo se desvanece, y la entropía puede ser igualmente inexorable. Para renovar el amor, debemos ser proactivos y deliberados. No podemos esperar a que se produzca la magia; debemos producirla nosotros. Por suerte, la ASP puede construirse y mantenerse.

Al principio de este capítulo te he dado un montón de estadísticas tristes, pero se acercan muchas cosas buenas, o al menos pueden ser buenas si nos arremangamos. Vamos a lanzar un montón de técnicas a toda velocidad, no solo para construir esa proporción de 5:1, sino para acercar las cosas a ese maravilloso estado de ASP. Paralelizando a los cuatro jinetes de Gottman, vamos a dar cuatro pasos para conseguirlo. Los llamaremos las cuatro R.

CUATRO R PARA LA MAGIA

- Reavivar los sentimientos a través de la autoexpansión.
- Recordarte a ti mismo la intimidad a través de los «mapas del amor».
- Renovar tu intimidad con «el efecto Miguel Ángel».
- Reescribir vuestra historia compartida. Una y otra vez.

Amar es un verbo, así que empecemos a verbalizar:

1. REAVIVAR

En un estudio de 2002, Karney y Frye descubrieron que la satisfacción general de la relación tiene más que ver con los sentimientos recientes. No es de extrañar, pero ¿cuál es la importancia de esas emociones recientes? Ocho veces más importantes. Ian renueva esos sentimientos con Michelle cada mañana. Queremos crear un bucle de retroalimentación para esos recuerdos emocionales.

¿Pero, cómo? No «eliges» sentirte como en una nube con tu pareja. Aquí es donde entra el concepto de autoexpansión. Debido a la entropía, o crecéis juntos u os separáis. La razón más citada para el divorcio no son las peleas o las aventuras; el 80 % de las parejas dijeron que era la pérdida de cercanía. A menudo hablamos de la sensación de que estamos creciendo, aprendiendo y expandiéndonos como resultado del amor, pero resulta que esto es, en realidad, uno de los factores creadores del amor. Arthur Aron y Gary Lewandowski descubrieron que cuando las parejas hacen cosas que les hacen sentir que están aprendiendo y mejorando, aumenta el amor. Al igual que el aburrimiento mata el amor, cuando sentimos que nuestra pareja nos ayuda a ser una persona mejor y más interesante, la amamos aún más.

Hacer cosas juntos que sean estimulantes y desafiantes amplía el concepto de nosotros mismos y nos da un impulso. El ángulo de ataque es sencillo: no dejar nunca de salir juntos. Cuando os enamorasteis por primera vez, hicisteis todo tipo de cosas interesantes juntos. Probablemente lo veas como un resultado, no como la causa del romance, pero son ambas cosas. El «tiempo de calidad» juntos no servirá de nada si lo único que hacéis es dedicar más tiempo a aburriros juntos. La investigación es clara en este sentido: hay que hacer cosas emocionantes. Es el EpiPen contra el aburrimiento. Los investigadores realizaron un estudio de diez semanas en el que se comparaba a las parejas que realizaban actividades «agradables» con las que realizaban actividades «excitantes». Los agradables perdieron. Las parejas que salieron a cenar o al cine no obtuvieron ni de lejos la satisfacción marital que obtuvieron las que bailaron, esquiaron o fueron a conciertos. En otro estudio se unió a las parejas con correas de velcro y se les hizo completar una carrera de obstáculos. El aumento de la satisfacción en la relación fue enorme. Necesitamos interacción, retos, movimiento y diversión.

La psicóloga Elaine Hatfield lo dijo mejor: «La adrenalina hace que crezca el afecto en nuestro corazón».

¿Pero cómo aumenta esto el amor? Se debe al concepto criminalmente subestimado de contagio emocional. Cuando nos sentimos emocionados, lo asociamos con lo que nos rodea, incluso si esa cosa no es directamente responsable. Cuando sentimos que nuestra pareja es igual a diversión, disfrutamos más de su presencia. Y eso nos permite ser algo perezosos, al dejar que los entornos hagan el trabajo por nosotros. Id a un concierto. Subíos a una montaña rusa. ¿Queréis un cuento de hadas? Genial. Id a luchar juntos contra un dragón.

De hecho, cualquier emoción fuerte puede aumentar el amor. La gente suele hacer referencia al síndrome de Estocolmo, el fenómeno de los rehenes que llegan a simpatizar con sus captores. Es real. Y lo que mucha gente olvida es que, tras el suceso de 1973 en Estocolmo, dos de los rehenes se comprometieron con los criminales. Esta es la razón por la que algunas personas permanecen en relaciones tóxicas. Aunque no se den cuenta, para ellos, el drama y las peleas son preferibles a pasar otra noche viendo la televisión. (Obviamente, no estoy recomendando esto y, para que conste, hay investigaciones sobre el sexo de reconciliación, y no está a la altura).

Las actividades de «autoexpansión» no solo mejoran la satisfacción de la relación, sino que los estudios demuestran que también aumentan el deseo sexual. Las parejas que hicieron cosas excitantes tuvieron un 12 % más de probabilidades de practicar sexo ese fin de semana que las que hicieron cosas típicas. Y hablando de sexo: practícalo. Solo el 58 % de las mujeres y el 46 % de los hombres están contentos con la cantidad de sexo que tienen actualmente. (Sí, están sacando un suspenso en sexo este semestre). Denise Donnelly, de la Universidad Estatal de Georgia, informa de que el sexo inferior a una vez al mes es un presagio de miseria y separación. Y una relación con poco sexo no es solo el resultado de la infelicidad, también es una causa. Deja que las hormonas hagan el trabajo de conseguir la felicidad por ti. Es divertido. (No necesito datos para demostrarlo). Y no tengas miedo de ponerte pervertido. Un estudio de 2009 descubrió que las actividades sadomasoquistas pueden aumentar la intimidad. Definitivamente, se trata de una autoexpansión novedosa y estimulante... Solo es un comentario.

Emoción, aprendizaje, experiencia, crecimiento. Esto te permite no solo sentirte mejor en el momento, sino conseguir recuerdos emocionales. Escenas para tu historia de amor. Gott-man dice que esos sentimientos son el antídoto del desprecio. Cuando el cariño y la admiración abandonan una relación, estás en camino hacia la ASN. Y cuando esos sentimientos desaparecen, aconseja a los terapeutas que terminen el tratamiento. No se puede salvar al paciente.

¿Quieres una forma concreta de empezar? Sal con tu pareja y fingid que es vuestra primera cita. Esto no es un consejo cursi de la tía Enriqueta: se ha probado. Para volver a enamorarte, repite las cosas que hiciste al enamorarte la primera vez.

2. RECORDAR

Vale, he hecho trampa. Esto no es realmente «recordar». Necesitaba una palabra con R. Lo que estamos haciendo aquí es profundizar y aprender más sobre tu pareja para construir la intimidad. Un estudio de 2001 descubrió que las parejas que se abren el uno al otro de verdad tienen casi dos tercios más de probabilidades de decir que tienen una unión feliz. Nuestro amigo Casanova dijo una vez: «El amor tiene tres cuartas partes de curiosidad». Y las investigaciones de Gottman le dan la razón. Las parejas más felices saben mucho sobre sus compañeros. Él llama a este profundo conocimiento un «mapa del amor». Saber cómo le gusta el café, las pequeñas preocupaciones que le molestan, cuáles son sus mayores esperanzas y sueños. Esta información no solo aumenta la intimidad, sino que también reduce los conflictos mediante lo que Gottman llama «reparación preventiva». Todos tenemos inquietudes y sensibilidades, racionales o no, y cuando somos conscientes de ellas, podemos evitarlas antes de que se conviertan en un problema.

Así que levanta la vista de tu *smartphone* y conoce mejor a tu pareja. Utiliza las preguntas que Arthur Aron creó y que mencioné en el capítulo 2. (Puedes descargar un PDF con las preguntas aquí: https://www.bakadesuyo.com/aron). Responder a esas preguntas no solo fomenta la amistad, sino que los miembros de la primera pareja de asistentes de investigación que las contestaron juntos acabaron casándose.

Saber cómo le gusta el café está bien, pero el verdadero valor está en comprender los significados personales e idiosincrásicos que tiene de las cosas. ¿Qué significa para ella el amor? ¿Y el matrimonio? ¿Y la felicidad? Busca su perspectiva única sobre cosas como lo que implica «estar satisfecho». Cuando sepas que tu pareja considera que la realización de las tareas domésticas es una expresión importante de cariño, no será un misterio el motivo de su malestar y podrás hacer algo al respecto.

Dan Wile escribió una vez: «Elegir una pareja es elegir un conjunto de problemas». Pero cuando te tomas el tiempo para conocer a alguien, puedes ver las razones emocionales por las que las cosas no significan para ellos lo que podrían significar para ti. Esa comprensión puede convertir los «problemas difíciles» en «rarezas adorables». Cuando sabes que a veces se deja las luces encendidas en el baño por un antiguo miedo de infancia a la oscuridad, el idiota perezoso se convierte en un ser humano simpático con debilidades aceptables.

Y, lo que es más importante, Gottman afirma que entender los significados idiosincrásicos de las personas es la forma de superar esos problemas perpetuos: el intratable 69 %. ¿Qué significa el bloqueo de un problema? Significa que está ligado a algo importante para ella. Los valores. Lo mismo que te causa todo ese dolor puede ser una puerta a una visión profunda de tu pareja. Si sabes realmente lo que algo significa para ella, tal vez puedas encontrar algo que honre la visión de la vida de ambos.

O tal vez puedas, al menos, respetar la posición del otro en lugar de seguir el camino de la ASN de pensar que está tratando de sabotear tu felicidad. Como dijo Gottman, lidiar con esos problemas perpetuos tiene que ver con la regulación, no con la resolución. Y eso funciona mucho mejor cuando eres capaz de decirle honestamente «no estoy de acuerdo, pero entiendo por qué te sientes así».

Hablar de cosas importantes, contarse los sueños y conversar sobre los valores puede sonar empalagoso, pero es crucial. Hacéis un viaje juntos, así que es importante que ambos queráis ir en la misma dirección. ¿Cuál es su vida ideal? ¿Su yo ideal? Esto son grandes preguntas, pero si las respondes tú primero, las cosas más pequeñas empiezan a encajar y ese ser alocado con el que vives puede empezar a comprenderlo todo. Todas las parejas discuten por dinero. ¿Por qué? Porque el dinero implica cuestiones de valores. Es una cuantificación de lo que es importante para ti. Empieza a comprender sus valores y el problema del dinero se vuelve mágicamente más fácil de tratar. No quieres simplemente «llevarte bien con el otro». Dios, ¿qué es ese estándar tan bajo? Si haces todo lo anterior bien, entrarás en el camino de compartir lo importante. Ese es el primer paso hacia el lado bueno del «principio de Tolstói»: vuestra cultura única de dos. *Folie à deux*. Tener vuestro propio lenguaje secreto. Taquigrafía emocional. Cosas absurdas infundidas con un gran significado personal. Esas bromas internas, cosas que decís que son una locura para los demás, pero que significan mucho para vosotros dos. Construir vuestra propia religión. Es cuando las parejas no pueden soportar estar separadas, porque tienen una identidad compartida, una historia compartida, porque la otra persona es una parte inextricable de su progreso, de sus objetivos futuros y de cómo se convertirán en su yo ideal.

Y esa cultura única debe apoyarse en rituales únicos. Una parte importante de la creación de esta cultura especial de los dos y de la consolidación de una identidad compartida es infundir el día a día con ese significado especial. No se trata de los grandes y emocionantes momentos de expansión, sino de las pequeñas cosas. La hora de comer, la hora de acostarse, las vacaciones, las citas, las despedidas, los reencuentros, las horas programadas para acurrucarse y las celebraciones son momentos perfectos para tener algo especial y extraño que distinga vuestro amor.

¿Una buena idea concreta para empezar? Al final de la jornada laboral, cuando os reunís, cada uno comparte, por turnos, las buenas noticias del día. Y ambos apoyáis y celebráis lo que dice el otro. Varios estudios han demostrado que esto puede aumentar la felicidad y la satisfacción con la relación. La profesora de la UCSB Shelly Gable ha descubierto que la forma en que las parejas celebran puede ser más importante que la forma en que se pelean. De nuevo, como dijo Gottman, en muchos casos, si se aumenta lo positivo, lo negativo no importa tanto.

¿Pero qué pasa cuando es necesario un cambio?

3. RENOVAR

Bien, entonces conoces mejor a tu pareja. Es una respuesta natural querer cambiarla un poco. No, esto no es bueno, al menos no de la forma en que se suele hacer. Un estudio realizado con 160 personas descubrió que esto no suele funcionar y disminuye la satisfacción marital. ¿Por qué? Porque no eres objetivo. Dices que sabes mejor que ella quién debe ser. Siempre hay un poco de egoísmo en eso. La gran ironía es que hay que aceptar a alguien plenamente antes de que pueda cambiar. Como señala John Gottman, nuestro instinto de autonomía está muy arraigado, así que, irónicamente, la gente solo cambia cuando siente que no tiene que hacerlo.

Hay una forma sana (y eficaz) de ayudar a tu pareja a avanzar en la dirección del cambio positivo. Pero empieza con lo que ella quiere ser, no con lo que tú quieres que sea. Tienes que ayudarla a convertirse en su propio yo ideal. Esa es una de las razones por las que el proceso del mapa del amor arriba mencionado es tan importante, para que preguntes y sepas, en lugar de intentar adivinar, cuál es ese yo ideal.

Recibimos ayuda de Aristóteles para construir amistades; para mejorar las parejas, recibiremos ayuda de otro maestro: Miguel Ángel. Hablando de su proceso artístico, dijo una vez: «La escultura ya está completa dentro del bloque de mármol, antes de que empiece mi trabajo». Para él, esculpir no es crear, sino revelar. La escultura tiene que liberarse de la piedra que la rodea. Y los psicólogos descubrieron que la misma idea se aplica a la mejora de la pareja.

Al igual que en el amor romántico somos capaces de ver a nuestra pareja «real», pero desechando los aspectos negativos e idealizándola, podemos beneficiarnos de eso aquí. Con el conocimiento del bloque de mármol actual y lo que tiene el potencial de ser, podemos ver mejor cómo la versión idealizada se le parece.

Entonces, ¿cómo lo hacemos? Piensa en cuando hablamos de los narcisistas y de los «detonantes de empatía». (No, no estoy diciendo que tu pareja sea una narcisista; estoy diciendo que los humanos son más parecidos que diferentes). La mejor manera de ayudarlo a mejorar era animarlo en lugar de avergonzarlo. Lo mismo se aplica aquí. Al aceptarlo tal y como es, puedes centrarte en los aspectos que están en consonancia con su yo ideal, que es lo que más desea ser, y fomentarlos. Ver la escultura «idealizada» en su mármol realista y fomentarla. Darle alas a su ideal mediante el apoyo y la afirmación. Trabaja ese diamante en bruto para revelar su belleza interior; no intentes convertirlo en una esmeralda porque te gusta el color verde.

En pocas palabras, se trata de un esfuerzo más proactivo para «sacar lo mejor de alguien». Y, dado que se origina en sus propios objetivos, encuentra mucha menos resistencia. No la estás animando a que se convierta en lo que tú quieres que sea, sino a que sea más ella. Háblale a su mejor yo, anima a su yo ideal y trátalo como si ya fuera esa persona. En un estudio realizado en 1996, los investigadores Sandra Murray, John

Holmes y Dale Griffin descubrieron que, al igual que los niños, los adultos suelen percibirse a sí mismos de la forma en que los percibimos los demás. Por eso, apoyar el ideal funciona y avergonzarlo por ser malo fracasa. El engaño del amor es necesario porque es una estrella polar. La mentira se convierte en la verdad.

De nuevo, esto promueve la autoexpansión, así que ¿sabes qué? Tiene algunos de los mismos resultados que la autoexpansión: «el movimiento hacia el yo ideal mostró asociaciones positivas con la satisfacción en las relaciones y en la vida». Pero no solo eso, sino que ayuda a las personas a cambiar, mejorar y alcanzar sus objetivos. Se acercan a su yo ideal: «Los análisis revelaron que, cuando las parejas se daban su apoyo durante las conversaciones relacionadas con los objetivos importantes, era más probable que alcanzaran los objetivos de su yo ideal». Y se puede animar a un perro viejo a aprender nuevos trucos. Se ha demostrado que el efecto Miguel Ángel funciona a cualquier edad.

Se trata de la idealización de nuevo, pero la versión deliberada de la «era de la Ilustración». Si conocemos los aspectos «negativos» de una pareja, pero aprendemos el significado que hay debajo de ellos, vemos quién es realmente y quién puede llegar a ser. Entonces podemos fomentar ese ideal en la pareja y ayudarla a convertirse en ese ideal. Se convierten en el yo idealizado, y así la idealización puede durar. Este es el camino hacia un amor romántico continuado que desafía la entropía. El efecto Miguel Ángel nos permite enamorarnos una y otra vez de la misma persona (sin amnesia). Somerset Maugham escribió: «No somos las mismas personas este año que el anterior, ni tampoco aquellos a los que amamos. Es una feliz casualidad si nosotros, cambiando, seguimos amando a una persona cambiada». Pero no tenemos por qué dejarlo al azar.

Bien, hemos potenciado los sentimientos y la intimidad con la autoexpansión, hemos creado una cultura única de dos apoyada en rituales con mapas de amor, y hemos aumentado el crecimiento positivo y la mejora con el efecto Miguel Ángel. ¿Qué resume todo esto? ¿Qué lo une todo? Es lo mismo que hemos visto que es primordial en todo el libro, hasta ahora. Lo mismo que Michelle Philpots necesita a diario y que Ian le proporciona. Una historia...

4. REESCRIBIR

Al final, el amor es una historia compartida. (Mi profundo y perspicaz descubrimiento de que el amor duradero forma parte, inextricablemente, de una historia compartida se debe a una brillantez congénita por mi parte, y no tiene nada que ver con el hecho de que el destacado investigador del amor Robert Sternberg escribiera un libro titulado *El amor es una historia*).

¿Recuerdas cómo John Gottman podía predecir el divorcio con un 94 % de precisión? ¿Sabes cómo lo hace? Es sencillo: pide a la pareja que cuente su historia. Eso, y solo eso, es su bola de cristal para predecir el futuro de cualquier romance.

Bien, ¿cuál es tu historia? Toda relación tiene una. Lo siento, ¿te he puesto en un aprieto? No te preocupes, no esperaba que pudieras responder. Las historias que tenemos sobre nuestras relaciones suelen ser intuitivas e inconscientes. Pero están ahí. Algunas personas tienen una historia «de negocios» en la que se ocupan de que las cosas en la relación funcionen bien. Otros tienen una historia de «cuento de hadas» en la que quieren salvar o ser salvados. Y hay quienes tienen una historia de «hogar» en la que todo se centra en construir un entorno agradable. Hay un número infinito de historias. Ninguna garantiza la felicidad, pero Sternberg descubrió que algunas la hacen bastante difícil. (Recomiendo evitar una historia de «guerra»).

Y la gente puede repetir sus historias problemáticas, por lo que algunos amigos tuyos pueden quejarse y decir: «¿Por qué siempre estoy con idiotas?». Están haciendo un *casting* de actores para el «papel» en su historia, y las personas decentes pueden no encajar en el rol. La investigación de Sternberg ha demostrado que acabamos con personas que tienen ideas similares sobre lo que será la historia de una relación. Y si no las tienen, es mucho más probable que no estemos satisfechos con la pareja.

En primer lugar, necesitas saber cuál es tu historia de relación «ideal» para poder alinearte con ella, ajustarla o cambiarla. Puede ser una buena manera de diagnosticar lo que está mal en una relación, pero eso es difícil de hacer si no sabes cuál es tu historia. Si te gusta secretamente el «drama», pero no lo admites, puedes decir que buscas un «cuento de hadas», pero sigues terminando en una historia de «guerra», diciendo «Dios, ¿por qué me sigue pasando esto?». A menudo la gente confunde la historia que quiere con la que cree que «debería» tener.

Nuestras historias están influenciadas por la educación y las experiencias, así como por el entorno en el que vivimos. Las historias están ahora mucho menos guionizadas culturalmente que en el pasado, lo que es bueno si elaboras alguna deliberadamente, pero si no se es tan proactivo al respecto, puede resultar más infernal que estar en un grupo de texto.

Mira tu comportamiento pasado para encontrar tu historia «ideal», la que has estado buscando inconscientemente. ¿Con qué tipo de personas te relacionaste? ¿Qué rechazabas? ¿Cómo ha cambiado eso? Pide a tus amigos que te den su opinión, porque probablemente no vas a ser objetivo. Y después, piensa en cuál es tu historia «real» actualmente con tu pareja. ¿La historia de «aventura» se ha convertido en la de «dirigir un pequeño negocio» desde que llegaron los hijos?

Habla con tu pareja y averigua su historia «ideal» y la «real». De nuevo, por eso hablaste con ella de sus sueños y valores y trataste de entender su yo ideal. No llegar a un acuerdo sobre esto es el motivo por el que cuando se habla con parejas que se separan, a menudo se escucha un efecto Rashomon de dos historias que suenan completamente diferentes. La investigación de Sternberg descubrió que las parejas con historias similares están más satisfechas.

Un elemento fundamental es comprender el papel de los roles y el poder de la historia compartida. Hoy en día, muchas parejas tienen un deseo instintivo de decir que son iguales, pero eso puede no reflejar su verdadero ideal. ¿Te sientes incómodo cuando diriges o incómodo cuando no diriges? Los roles pueden ser asimétricos, y no pasa nada. Uno puede ser el piloto de carreras y el otro el mecánico.

Recuerda que no hay una respuesta «correcta», solo algo con lo que ambos os sintáis cómodos y que esté en consonancia con vuestras necesidades. Sí, este es el matrimonio de «elige tu propia aventura». La objetividad y los hechos no son fundamentales aquí: es el marco, la perspectiva y la aceptación mutua. Aquí no hay una verdad objetiva, sino dos verdades subjetivas.

Y eso coincide con lo que Gottman ha descubierto sobre la historia: los hechos no importan. Lo que importa es la sensación que transmiten. Su 94 % de exactitud en su predicción no se debe a lo que dicen las parejas, sino a cómo lo explican. ¿Qué es lo más importante? «Glorificar la lucha». Eso lo significa todo. Una historia de problemas con un aire positivo («Tuvimos problemas, pero los superamos») es un buen augurio, pero una historia de cosas buenas con decepción («Nos va bien, supongo; esto no es lo que quería, pero da igual») significa problemas.

El objetivo es crear lo que el periodista Daniel Jones llama «destino retroactivo». La historia no son los acontecimientos: es el color del cristal con que se miran a través. Tendemos a dar por hecho que la forma en la que vemos las cosas ahora es la única, pero un triunfo puede ser una tragedia cuando cambias la perspectiva. El significado no puede aparecer hasta después. No te encuentras el cuento de hadas ya hecho, y los acontecimientos se desenvuelven de acuerdo con él. Los acontecimientos ocurren, y tú tejes el cuento de hadas positivo e interpretas todo a través de él. Un cínico diría que esto es una racionalización, pero ya hemos aceptado que el amor romántico es un tipo de ilusión, una de las buenas.

La ASN es una reescritura negativa de la historia. La ASP es la versión positiva. Los hechos no han cambiado, sino que ha cambiado la lente. Y la historia siempre se reescribe, se retoca aquí y allá, como sin duda ha sucedido en el relato diario de Ian a Michelle. ¿Por qué los hijos son un desafío para los matrimonios felices? Acabas de añadir un nuevo personaje principal y no has actualizado tu historia. Sin una reescritura consciente del argumento, no debería sorprenderte que un «intenso romance» se convierta en una «comedia».

Como muestra la investigación, la memoria perfecta de los pacientes de HSAM perjudica las relaciones. Tenemos que ser capaces de reescribir y modificar el encuadre. Enfatizar o restar importancia a partes de la historia, como hacemos con nuestras parejas en la idealización. Por suerte, no tenemos HSAM, así que podemos reescribir la historia. En lugar de una nueva historia de amor a través de una nueva relación, puedes forjar una nueva historia con la misma persona. Piensa en ello como en el reciclaje. Tu historia de amor compartida es bastante ecológica. Como dijo Mignon McLaughlin: «Un matrimonio exitoso requiere enamorarse muchas veces, siempre de la misma persona».

Esto no ocurre de la noche a la mañana. Pero el objetivo de tu historia de «glorificar la lucha» se reduce a una sola palabra: «nosotros». El profesor James Pennebaker descubrió que el uso de palabras relacionadas con «nosotros» predice una relación feliz. Ya vimos el otro lado de esto. ¿Qué dijo Gottman que suele definir la crítica, uno de los cuatro jinetes? Usar la palabra «tú» en una discusión. La profesora de la Universidad de California en Riverside Megan Robbins revisó estudios de 5.300 sujetos y descubrió que el uso de «nosotros» se correlaciona con el éxito en todas las métricas evaluadas, desde la duración de la relación hasta la satisfacción y la salud mental. Y no solo aumenta la felicidad. En un estudio con personas con problemas de corazón, los que más usaban «nosotros» eran los que estaban en mejor forma después de seis meses.

¿Pero la palabra «nosotros» es el huevo o la gallina? ¿Es un indicador de una buena relación o su uso mejora más una relación? Robbins dice que es probable que sean ambas cosas. Así que usa más «nosotros».

Ya casi es hora de recopilar todo esto. Sí, «nosotros» ya casi hemos terminado. (No, tú y yo no estamos enamorados. Eres una persona maravillosa, pero en realidad pienso en nosotros como amigos). Vamos a obtener el veredicto final sobre la capacidad del amor de poderlo todo. Pero antes, quizá tengas curiosidad por ver cómo es el amor cuando consigue poderlo todo...

Capítulo 15

John Quinn amaba a su mujer. Y en la noche del miércoles 21 de septiembre de 1960, este joven de veintitrés años que estudiaba Literatura Inglesa en el Humboldt State College llevó a su amada al Hospital Trinity de Arcata (California) para dar a luz a su primer hijo. Mientras ella se ponía de parto, el médico le dijo que tendría que marcharse. Todos sabemos que los padres no solían estar presentes en la sala de partos durante un nacimiento, pero lo que muchos no saben es que en realidad se desaconsejaba, si no era directamente ilegal. (Y si el hombre no estaba casado con la madre, siguió siendo ilegal hasta la década de 1980 en algunas jurisdicciones).

Pero John Quinn no lo aceptaba. Le dijo al obstetra: «Quiero a mi mujer. Siento que es mi derecho moral como esposo y padre estar ahí». Pero el médico era tan obstinado como John.

La situación se estaba calentando. La dirección del hospital fue y apoyó al obstetra. No era seguro. Tener a John allí sería «imposible».

John Quinn amaba a su esposa. Era un chico firme. No iba a irse a ninguna parte. Y fue entonces cuando amenazaron con llamar a la policía.

Pero John había esperado que se llegara a esto. De hecho, se había preparado para ello. Así que entonces fue cuando sacó una cadena…

Y en un acto de valentía que sería noticia a nivel nacional, cogió la mano de su mujer, enrolló la cadena alrededor de sus brazos y los unió con un candado. Obviamente, yo no estaba allí en ese momento, pero casi puedo ver su mirada diciendo: «A ver cómo me dice ahora que no puedo entrar, doctor». El personal del hospital llamó a la policía. Pero el médico no iba a sacar a los dos de la sala de partos, y como no tenía una sierra radial cerca, procedió a empezar el parto.

Y John Quinn vio cómo su pequeño hijo llegaba al mundo. Cuando terminó el parto, con la madre y el hijo en buen estado, John se liberó de las cadenas y salió, pasando justo por delante del agente Don Mann, que estuvo rascándose la cabeza durante todo el incidente.

A veces el amor exige más de nosotros de lo que esperamos. Pero si eres devoto, si estás preparado —y tal vez si tienes una cadena y un candado—, a veces el amor es capaz de poderlo todo.

* * *

Todo el mundo pregunta cómo empezasteis juntos; nadie se pregunta cómo os habéis mantenido juntos. Y es esto último lo que suele ser el verdadero logro del que hay que estar orgulloso. Hagamos un resumen de lo que hemos aprendido.

La larga era del matrimonio de tipo «ayúdame a no morir» ha terminado. Ganó el amor y reina el matrimonio autoexpresivo. Pero también es el matrimonio del «todo o nada». Hoy en día, más que nunca, la felicidad conyugal es la felicidad en la vida. Lo damos todo. Vivir bien el amor es muy muy bueno. Vivirlo mal puede ser muy muy malo.

El amor es una enfermedad mental. Es una adicción alocada que incluso nubló la mente del insensible Casanova. Pero resulta que necesitamos la locura. Esa idealización que te deja los ojos como platos, ese sesgo positivo, es la magia del amor. La vida es dura, así que necesitamos su impulso no solo para cumplir los objetivos de nuestros genes de fabricar más genes, sino para cumplir nuestras esperanzas, sueños y sentimientos.

Necesitamos el pensamiento racional de la era de la Ilustración para ayudarnos a entender el proceso, al igual que la ciencia de la medicina puede curar el cuerpo. Pero nuestro objetivo no es no estar enfermo, sino ser feliz. Así que, al final, debemos lanzarnos de cabeza al sesgo y la locura del romanticismo.

Hay un poco de engaño emocional cuando la fuerza del amor romántico del principio se desvanece. Creemos en un paradigma inexacto al suponer que el subidón inicial del amor continuará indefinidamente por sí mismo, mientras que es mucho más probable que la entropía haga que esa fuerza disminuya. Los cuentos de hadas son pasivos y no ayudan a largo plazo. Habrá que trabajar. Como dijo el poeta Carroll Bryant: «El amor es una calle de doble sentido en constante construcción».

Para evitar que la ASN transforme a tu amado en tu piñata personal, hay que hablar, hay que luchar. Para tratar el 69 % de los problemas de la relación que nunca se resolverán, debemos reducir las partes negativas letales de la comunicación, los cuatro jinetes de Gottman: la crítica, ponerse a la defensiva, la evasión y el desprecio. La clave está en evitar un inicio brusco y mostrar a nuestra pareja la compasión y la generosidad que daríamos a un niño.

Pero, al final, no basta con reducir lo negativo. Debemos aumentar lo positivo y lograr la ASP, el ángel a lo que la ASN sería el demonio. Para tener una predisposición positiva como en los primeros días del amor romántico, necesitamos las cuatro R. Para reavivar los sentimientos con la autoexpansión (¡y practicar más sexo!). Para recordarnos y profundizar en la intimidad hacia una cultura única de dos. Para renovarnos y mejorarnos mutuamente con el efecto Miguel Ángel. Y, por último, para reescribir continuamente una historia de amor compartida que glorifique sus inevitables luchas.

Como escribió Milan Kundera, «una sola metáfora puede dar a luz al amor». El amor es una historia. Y las historias nunca son interpretaciones perfectas de los hechos. Pero no queremos realismo. Queremos una idealización siempre renovada. Y con el tiempo, esa mentira puede llegar a ser mayor que la verdad. Cuando la gente se cree historias benévolas, los seres humanos forman naciones, religiones y comunidades que nos permiten sobrevivir y prosperar. Al igual que la falsedad de que un amigo es «otro yo» nos une y mejora el mundo, también lo hace el engaño mutuo del amor. Lo falso se convierte en real si ambos creemos. Es la maravillosa locura del *folie à deux*. Y esa historia compartida puede resumirse en una sola palabra engañosamente poderosa: «nosotros».

Es mucho. Será un reto. (¿De verdad creías que iba a ser fácil?). Pero con esfuerzo, hoy tenemos la capacidad de construir los mejores matrimonios que han existido. Es una tarea difícil, pero tienes un compañero que te ayudará.

¿Y el veredicto sobre esta máxima? No, el amor no lo puede todo. Pero tu amor sí puede. Y puede estar entre lo más grande que ha conocido la humanidad si tienes la historia adecuada. Y esa historia se reescribirá continuamente. Puede que este borrador no lo «pueda todo», pero el siguiente sí.

Con las responsabilidades de la edad adulta existe el deseo de convertirlo todo en una rutina estable, pero esto convierte el amor en un tono monocromático atrofiante. Al final, no queremos conquistar los retos y el misterio del amor. En la vaguedad está la incertidumbre, y en la incertidumbre, la tensión, la serendipia y la sorpresa. Lo justo para que la ciencia dura de la Ilustración mantenga vivas las llamas frágiles de la época Romántica. Irracional, sí. Pero así es la vida. Y, como vimos con la señalización, a veces la irracionalidad es la forma más elevada de racionalidad.

¡Uf!, es hora de respirar hondo. ¿Cuál es la siguiente máxima social que debemos evaluar?

Ahora tenemos que ampliar la perspectiva un poco y mirar hacia la comunidad. Últimamente están ocurriendo muchas cosas en ese sentido. El mundo está más conectado que nunca, pero también somos más individualistas que nunca. Hace que te preguntes hasta qué punto necesitamos a los demás. Y de qué manera.

Esta es la parte en la que se supone que debo decir que las otras personas son esenciales y maravillosas y que la muerte de la comunidad es horrible, bla, bla, bla... Pero entonces, ¿por qué seguimos eligiendo este camino cada vez más individualista, eh? Así que, en lugar de inundarte con tópicos, vamos a empezar con la pregunta que se supone que no debes hacer, todo lo contrario de lo que parecería que debes decir en un libro sobre relaciones personales: ¿Necesitamos a otras personas?

¿Nadie es una isla? ¿O podrías ser realmente feliz como una isla maravillosa como, por ejemplo, Maui?

Es hora de que tú y yo lo descubramos...

PARTE 4

¿«NADIE ES UNA ISLA»?

Capítulo 16

A Chris no le gustaba robar en las casas ajenas, pero el invierno estaba llegando. No tenía otra opción.

Una vez dentro, iba directamente a por lo que necesitaba. Filetes, pilas, manteca de cacahuete y libros, libros, libros. Si algo parecía realmente caro, lo ignoraba. Chris era un ladrón, pero tenía un código. De vez en cuando robaba un videojuego portátil, pero nunca uno que pareciera nuevo. No iba a privar a un niño de su juguete favorito.

Llevaba tanto tiempo en esto que la gente del centro de Maine casi se había acostumbrado. Muchos sabían que era inofensivo, pero a otros les seguía molestando. Las fuerzas del orden de todo tipo habían intentado detenerlo y no lo habían conseguido. Nadie podía atrapar al «Ermitaño de North Pond». Pero eso estaba a punto de cambiar.

Cuando Chris salió del edificio, una luz lo cegó. «¡Al suelo!». Si Chris hubiera podido ver algo, habría sido el cañón de la magnum 357 del sargento Terry Hughes. Chris se tiró al suelo. Pronto llegaron los refuerzos para detener al hombre responsable de más de mil robos. Era un récord para el estado. Qué caray, probablemente para el mundo.

Le hicieron preguntas a Chris, pero al principio no respondió. Francamente, parecía que le costaba hablar. Cuando le preguntaron cuánto tiempo llevaba viviendo en el bosque, respondió: «¿Cuándo fue lo de Chernóbil?».

Chris había sido un ermitaño durante veintisiete años. La película original de *Los Cazafantasmas* era la más reciente que había visto en la gran pantalla. Nunca había utilizado Internet. En el último cuarto de siglo, solo se había encontrado con otras personas en dos ocasiones, de forma accidental. Incluso entonces había pronunciado una única palabra: «Hola». Esta entrevista con la policía fue la conversación más larga que había tenido en casi tres décadas.

¿Pero, cómo? ¿Cómo había conseguido estar tanto tiempo sin apenas contacto humano? ¿Cómo se las había arreglado para sobrevivir en la naturaleza? Los inviernos en Maine no son ninguna broma.

Chris los llevó a su campamento. A pesar de vivir en el bosque, su casa estaba probablemente más limpia que la tuya. La policía estaba sorprendida. Sí, vivía en una tienda de campaña, pero tenía un somier de metal y un colchón. La comida estaba almacenada en contenedores de plástico a prueba de roedores. Chris incluso tenía un dispensador de desinfectante de manos. Está claro que no tenía intención de volver a la civilización. Diane Perkins-Vance, de la Policía Estatal de Maine, le preguntó por qué se había ido. ¿Por qué huyó de la sociedad para vivir allí solo en el bosque? No respondió. Pero, con el tiempo, surgieron los detalles sobre cómo acabó allí.

Christopher Thomas Knight sacaba excelentes notas en el instituto, pero siempre se había sentido como un bicho raro. El trato con la gente le resultaba frustrante. Tras graduarse antes de tiempo, aceptó un trabajo en una empresa de alarmas. Y un día, inexplicablemente, decidió conducir lo más lejos posible. Cuando el coche se quedó sin gasolina, dejó las llaves en el salpicadero y se adentró en el bosque. No había ningún plan. No se lo dijo a nadie. Francamente, no tenía a nadie a quien decírselo.

Era más difícil de lo que pensaba. Nunca antes había ido de acampada. Al principio, comía de los huertos, pero al final se dedicó a robar para sobrevivir. Su trabajo en la compañía de alarmas lo ayudó a entrar en las casas, pero no le gustaba. Después de dos años como nómada, encontró el lugar que sería su hogar durante el siguiente cuarto de siglo.

Esto no era Walden y Chris no era Thoreau. A pesar de sus comentarios sobre la vida solitaria en el desierto, Thoreau estaba a solo dos millas de Concord, Massachusetts. Invitaba a sus amigos a cenar, y su madre incluso le lavaba la ropa. Chris diría más tarde: «Thoreau era un aficionado».

Para Chris, cada invierno era una amenaza existencial. Comenzaba los preparativos al final del verano. Eso significaba robar mucho más para asegurarse de tener provisiones. Y significaba engordar lo máximo posible. Se atiborraba de licor y azúcar para engordar como un oso que se prepara para la hibernación. Y cambiaba su horario, acostándose a las 7:30 y despertándose a las 2 de la madrugada. Tenías que estar despierto cuando el invierno de Maine llegaba a sus temperaturas mínimas. «Si intentas dormir con ese frío, puede que no te despiertes nunca», comentaba.

Pero todo este sufrimiento no hace más que aumentar la curiosidad: ¿Por qué? ¿Por qué hacer esto? No tuvo una infancia traumática. ¿Por qué huir del mundo? ¿Por qué renunciar a tanto de lo que otros consideran esencial para una buena vida? Sacrificó la posibilidad de tener una carrera, un cónyuge y unos hijos. Ni siquiera había tenido nunca una cita.

Y ahora Chris se encontraba en una situación totalmente opuesta. Era un residente del Centro Correccional del Condado de Kennebec. Era la primera vez en décadas que dormía entre cuatro paredes y, por supuesto, no podía salir. El ermitaño tenía incluso un compañero de celda. La comida era abundante, pero se encontraba demasiado angustiado para comer.

No concedió ninguna entrevista, no hizo ninguna declaración y rechazó todas las numerosas ofertas de ayuda que recibió después de que su historia llegara a los periódicos. Pero al cabo de un tiempo habló con un periodista, Michael Finkel. Primero fue por carta, pero finalmente Finkel visitó la prisión. Se sentaron uno frente al otro, separados por plexiglás, y hablaron por teléfono. Finkel apenas podía oír una palabra de lo que decía Chris. Pero eso fue porque Chris no estaba sosteniendo el teléfono correctamente. Había olvidado cómo se hacía. Hacía casi treinta años que no usaba uno.

La prisión era muy dura, y el ermitaño empezaba a sentirse desbordado. Estaba rodeado de gente. A todas horas. Tanta interacción era abrumadora. Apenas podía dormir. Después de seis meses esperando el juicio, le salió urticaria. Le temblaban las manos. Chris le dijo a Finkel: «Sospecho que mi cordura ha sufrido más en meses en la cárcel; que en años, y décadas, en el bosque».

La buena noticia era que saldría pronto. Los fiscales se apiadaron de él. Lo iban a condenar a siete meses, y ya llevaba casi ese tiempo en la cárcel. Pero, ¿la vida fuera de la cárcel sería mejor? Una de las condiciones de su libertad condicional era que no podía volver al bosque. Dijo: «No conozco vuestro mundo. Solo el mío, y los recuerdos del mundo antes de entrar en el bosque... Tengo que averiguar cómo vivir».

Finkel trató de obtener la respuesta que todos querían: ¿Por qué? ¿Por qué se fue? Chris ya había esquivado la pregunta muchas veces. Finkel volvió a preguntar. Y Chris dio lo más parecido a una respuesta que cualquiera podría obtener: nunca había sido feliz en nuestro mundo. Nunca había encajado con los demás. Pero entonces se aventuró en el bosque y, por una vez en su vida, eso cambió. «Encontré un lugar en el que me sentía feliz... Por decirlo de forma romántica: era completamente libre».

Todos soñamos de vez en cuando con huir. Con tirar nuestro *smartphone*. Con escapar de la inutilidad de tantas luchas diarias triviales que nos agobian. Nos vamos de vacaciones y vemos un lugar lleno de belleza natural, y fantaseamos con no volver a nuestras vidas. Pero lo hacemos. Chris no lo hizo.

Finkel llegaría a escribir un *best seller* sobre Chris, *The Stranger in the Woods*. Y dejaría de preguntarse por qué Chris dejó el mundo. Ahora se preguntaría por qué no lo hacen más personas.

* * *

En su libro de 1624, *Devotions upon Emergent Occasions*, John Donne escribió: «Nadie es una isla». Pero Donne era un poeta, así que no respaldó su afirmación con ninguna prueba. En otras palabras, escribió una máxima de cuatro palabras que lo hizo famoso durante siglos y me dejó a mí todo el trabajo duro. Qué sinvergüenza.

De todos modos, muchos pensadores clásicos estuvieron de acuerdo con Donne. Aristóteles escribió: «El hombre es un animal social por naturaleza», y consideraba que cualquiera que pudiera existir solo era «o una bestia o un dios». En el capítulo 2 del Génesis encontrarás:

«Y dijo el Señor: no es bueno que el hombre esté solo». A lo largo de gran parte de la historia, el exilio era una de las sentencias más terribles, a veces considerada peor que la muerte. Ser «Alejadus Maximus» no era algo bueno en el mundo antiguo. Y no ha cambiado mucho. ¿Sabes cómo las Naciones Unidas llaman a un confinamiento solitario de más de quince días? «Tortura».

No estoy aquí para defender la idea de ser un ermitaño. (Si realmente estuviéramos mejor sin otras personas, esto sería un libro muy muy corto). La ironía es que, cada vez más, todos actuamos como ermitaños. La científica social Bella DePaulo escribe: «Nunca antes en la historia ha vivido tanta gente sola».

En 1920, el 1 % de la población estadounidense vivía sola. En la actualidad, uno de cada siete estadounidenses adultos lo hace, lo que significa que más de una cuarta parte de los hogares estadounidenses están formados por una sola persona. El porcentaje de hogares con una sola persona ha aumentado en todos los censos desde 1940, cuando se formuló la pregunta por primera vez. Y Estados Unidos no está solo en su soledad; ni siquiera se encuentra en primer lugar. El Reino Unido, Alemania, Francia, Australia y Canadá tienen tasas aún más altas. Los países escandinavos tienen cifras de vida en solitario que se acercan al 45 %. Y el resto del mundo los sigue. Entre 1996 y 2006, el número de personas que viven solas aumentó un tercio en todo el mundo.

Pero, a diferencia del aislamiento como castigo, esto lo hemos elegido deliberadamente. Antes de la Segunda Guerra Mundial, no era tan factible económicamente. A medida que nos hemos ido enriqueciendo, es comprensible que queramos más libertad y control. (Me identifico con ello. Vivo solo y estoy encerrado escribiendo un libro, un proceso que describo como «cómo desarrollar agorafobia en un solo paso»). Nos encanta la autonomía, pero algunos sugieren que esto es lo que nos hace sentirnos solos.

Y estamos solos. Incluso antes de la pandemia de 2020, el 75 % de los médicos del Reino Unido decían que veían pacientes cada día cuyo principal problema era la soledad. En 2017 el problema se agravó tanto —con más de nueve millones de británicos solitarios— que el país nombró un ministro de la soledad. Y el número de personas en Estados Unidos que declaran sentirse solas se encuentra, según un estudio, a unos sesenta y dos millones. Eso es la población entera del Reino Unido. Los estudios varían, pero parece que algo más de una cuarta parte de los estadounidenses dicen sentirse solos con regularidad. El experto John Cacioppo afirma que esa cifra ha aumentado entre un 3 y un 7 % solo en las dos últimas décadas.

Los efectos sobre la salud y la felicidad de la soledad sostenida es, para usar un término técnico, «para morirse de miedo». Me dan ganas de salir corriendo a la calle, abrazar al primer desconocido que vea y tal vez reconsiderar la elección de mi carrera. La investigación de Cacioppo ha demostrado que la soledad es el equivalente emocional de una agresión física. La elevación de las hormonas del estrés es comparable a la que experimentarías si alguien te diera una paliza. La soledad pone a tu cerebro en modo de alerta perpetua. En el laboratorio, las personas solitarias perciben los riesgos dos veces más rápido que las no solitarias, 150 milisegundos frente a 300 milisegundos. No solemos pensar que la soledad aumente el tiempo de reacción, pero la teoría evolutiva que la sustenta tiene sentido. Más vale que tengas ojos en la nuca, amigo. Porque si las cosas se tuercen, nadie vendrá a ayudarte. Una actitud así puede haber sido muy útil en nuestro entorno ancestral, pero ciertamente no conduce a la felicidad.

Repetidos estudios han demostrado que lo que tienen en común las personas más felices son las buenas relaciones, sin lugar a dudas. Un estudio económico titulado «Putting a Price Tag on Friends, Relatives, and Neighbours» (Poner precio a los amigos, parientes y vecinos) cifró el valor de la felicidad de una vida social mejor en 131.232 dólares adicionales al año. Mientras tanto, la soledad conduce a la depresión con mucha más frecuencia que la depresión a la soledad. Johann Hari señala que pasar del percentil 50 de soledad al percentil 65 no aumenta un poco la probabilidad de depresión, sino que la multiplica por ocho.

Pero no solo está en juego la felicidad. La soledad es tan perjudicial para la salud que me sorprende que las compañías de seguros no te obliguen a que dejes este libro y vayas a ver a tus amigos. Los estudios la relacionan con un mayor índice de enfermedades cardiacas, derrames cerebrales, demencia y prácticamente cualquier otra cosa horrible que se te ocurra. Un estudio de la Universidad de Berkeley con 9.000 personas descubrió que las buenas relaciones añaden una década más de vida, y una revisión de la investigación de 2003 decía lo siguiente: «Las relaciones sociales positivas son las segundas en predecir la salud y la longevidad en los seres humanos, después de la genética». Podría llenar un libro solo con los resultados de los estudios sobre relaciones y salud. ¿Qué predice si estarás vivo un año después de un ataque al corazón? Prácticamente dos cosas: cuántos amigos tienes y si fumas. El profesor de Oxford Robin Dunbar dice: «Puedes comer todo lo que quieras, puedes holgazanear, puedes beber todo el alcohol que quieras: el efecto es muy modesto comparado con estos otros dos factores».

Parece que es un éxito para John Donne y su máxima. Si intentara convencerte de que fueras un ermitaño, ya se habría acabado el juego. Estar solo es malo. Pero aquí es donde las cosas se ponen raras. Muy raras...

¿Y si te dijera que antes del siglo xix la soledad no existía? No es que fuera poco común: es que no existía. Vale, estoy exagerando. Pero no mucho. Fay Bound Alberti, historiadora de la Universidad de York, dice: «La soledad es un fenómeno relativamente moderno, tanto como palabra, y quizás más controvertidamente, como experiencia».

Sí. Antes de 1800, apenas se puede encontrar esa palabra en un libro. Y cuando lo haces, se utiliza para significar «estar solo» sin ninguna connotación negativa. En Lucas 5:16 se dice que Jesús «se retiró a lugares solitarios y oró», pero solo significa que se fue a estar solo, no que eso lo incomodara. El *Diccionario de la Lengua Inglesa de Samuel Johnson* de 1755 utiliza el adjetivo de forma similar. Cuando Johnson escribe «LONELY ROCKS» (rocas solitarias), no quiere decir que estuvieran geológicamente tristes y fueran «emo», sino que estaban en medio de la nada.

Pero en el siglo xix hubo un cambio. Los románticos, como Lord Byron, empezaron a usar la palabra con más frecuencia, y era claramente negativa. ¿El mejor ejemplo? El viejo Frankenstein. Sí, el monstruo de Mary Shelley de 1818 puede enseñarnos mucho sobre un enorme cambio en la cultura occidental. El monstruo dice: «Créeme, Frankenstein, yo era benévolo; mi alma brillaba de amor y humanidad; pero ¿no estoy solo, miserablemente solo?». Luego se dirige al norte para suicidarse. Y, posiblemente por primera vez en la historia, la soledad se presenta como algo muy malo.

Entonces, ¿cómo diablos se entiende que la soledad no fuera un problema hasta hace un par de siglos? Bueno, sentíamos algo cuando estábamos solos, pero normalmente no era malo. Ya conoces la palabra: «soledad». Esa palabra apareció antes del siglo xix, y casi siempre era algo bueno. Y lo sabes hoy. Si digo la palabra «sabiduría», probablemente pienses en tipos con largas barbas cómodamente solos en las cimas de las montañas. La soledad desempeñó un papel fundamental en los caminos espirituales de Jesús, Buda y Mahoma. Nadie cree que se pueda encontrar el conocimiento espiritual profundo en una fiesta en casa.

La soledad es lo que quieres cuando dices «necesito tiempo para mí» o «quiero alejarme de todo». Necesitamos tiempo a solas para recargarnos y reflexionar. Y asociamos, con razón, la soledad con los avances creativos. Isaac Newton descubrió la ley de la gravedad cuando estaba aislado en Woolsthorpe durante 1665. Albert Einstein tenía mucha fe en dar paseos diarios por la naturaleza. Pablo Picasso dijo: «Sin una gran soledad, no es posible ningún trabajo serio». Ludwig von Beethoven, Franz Kafka, Fyodor Dostoyevsky y muchos más hicieron su mejor trabajo mientras estaban solos y no lo habrían hecho de otra manera.

Históricamente, la gente solía tener un buen equilibrio en sus vidas entre la socialización y el tiempo a solas. En las casas solía haber una docena de personas, por lo que tenían tiempo para el contacto cara a cara, pero también salían mucho al exterior, por lo que tenían soledad. (A principios del siglo xx, el 90 % de los viajes se hacían a pie si se recorrían menos de diez kilómetros).

Pero hoy en día desconfiamos un poco de la soledad. Si usas esa palabra hoy en día, suenas como un bicho raro. La palabra «solitario» evoca imágenes del *Unabomber*. En el mundo moderno, «tipo callado e introvertido» suena menos a maestro zen y más a tiroteo a punto de ocurrir. Pero, ¿quién crees que es más maduro: alguien que puede pasar mucho tiempo cómodamente solo, o alguien que no soporta estar nunca solo? En muchos sentidos, hemos hecho, de estar solo, una patología. Las estadísticas que he citado anteriormente lo demuestran: tenemos un millón de indicadores de aislamiento, pero nadie mide la soledad. Ah, y luego está esto: «La soledad, paradójicamente, protege contra el aislamiento». ¿Sabes quién lo dijo? Vivek Murthy, cirujano general de los Estados Unidos.

Vale, esto es confuso. ¿Cuál es la respuesta? ¿Estar solo es bueno o malo?

Y ese es el error que cometemos. La pregunta es equivocada. A la soledad no le importa si estás realmente solo. La soledad es un sentimiento subjetivo. No se trata necesariamente de aislamiento físico. Todos nos hemos sentido solos entre una multitud. Y un estudio realizado en 2003 por Cacioppo demostró que, de media, las personas que se sienten solas pasan tanto tiempo con otras personas como las que no. Así que vivir solo no es el verdadero culpable. Es un síntoma, no una causa. Aunque la falta de contacto cara a cara puede crear problemas, es una pista falsa en términos de soledad a un nivel más amplio. Cacioppo escribe: «La cantidad de tiempo que se pasa con los demás y la frecuencia de la interacción no aportaron mucho a la predicción de la soledad. Lo que sí predijo la soledad fue, una vez más, una cuestión de calidad: las calificaciones de los individuos sobre el significado, o la falta de significado, de sus encuentros con otras personas». La soledad no consiste en estar solo, sino en no tener una sensación de conexión significativa.

Pero, ¿qué ha provocado el cambio? ¿Adónde fue a parar el significado? Más concretamente: ¿Qué demonios pasó en el siglo XIX? No le eches la culpa de todo al monstruo de Frankenstein. Él también es una víctima. En el siglo XIX, nuestra historia cultural colectiva cambió. Paralelamente al cambio en el matrimonio durante el mismo periodo, un monzón de nuevas ideas renovó nuestra narrativa social. Se puede resumir en una palabra: «individualismo». Alberti escribe: «No es casualidad que el término "individualismo" se utilizara por primera vez (y fuera un término peyorativo) en la década de 1830, al mismo tiempo que la soledad estaba en auge». Pasamos de ver la vida como un drama coral a un espectáculo individual. Pasamos de un «a alguien le importa» por defecto a un «a nadie le importa».

Es difícil restarle importancia a la cantidad de ideas y cambios culturales profundos —políticos, filosóficos, religiosos y económicos— que se produjeron en el siglo XIX y que situaron al individuo en primer plano y a la comunidad más atrás. El secularismo. El utilitarismo. El darwinismo. El freudismo. El capitalismo. Y el consumismo. El contrato social dio paso a la autonomía, y saltamos de lo comunitario a lo competitivo. Y esto, en el siglo XX, solo se aceleró con aún más ismos como el existencialismo y el postmodernismo.

Damos tan por sentadas estas ideas que es difícil ver más allá de ellas. Hemos interiorizado estos conceptos como la forma en que el mundo es. No digo que esas ideas sean necesariamente malas, pero el cambio fue profundo y puede que hayamos perdido algo por el camino. Antes, la norma era verte como parte de una comunidad. Eres un hijo de Dios. Un miembro del Clan Barker. Un guerrero de la tribu de Los Ángeles, California. Pero el enfoque cambió al individuo como la unidad primaria. El lado positivo de esto es que eres libre, como nuestro ermitaño Chris Knight.

Pero lo que tu cerebro oye es que ahora también estás, fundamentalmente, solo. Y por eso puedes sentirte solo entre la multitud. Pensamos mucho en las grandes cosas que hemos ganado con este cambio de la historia, pero nos cuesta precisar lo que hemos perdido. Solo hay una vaga sensación de malestar y un zumbido de ansiedad siempre presente. Es increíble sentirse en control y libre, sin obligaciones sociales, pero tu cerebro sabe que eso también significa que los demás también son libres y no están obligados a cuidar de ti. Y millones de años de evolución han enseñado a nuestra fisiología que eso significa una cosa. La ayuda no va a llegar. Estás solo.

Obviamente, me gustan la ciencia y las ideas modernas. Los cambios del siglo XIX produjeron un mundo que nos da gran libertad y control, pero que no es muy satisfactorio ni significativo desde el punto de vista emocional. Los antiguos estaban claramente equivocados en un montón de cosas, pero muchas de sus ideas, aunque no fueran correctas en cuanto a los hechos, servían para un propósito esencial, unirnos. Nosotros no hemos llenado ese vacío. De hecho, lo hemos ampliado de forma espectacular con nuestro hiperindividualismo. Pero nuestra fisiología no puede seguir el ritmo. El cableado biológico, que tiene millones de años de antigüedad, sigue necesitando una conexión significativa, por lo que esta nueva historia afecta drásticamente a nuestra salud y felicidad. La soledad es menos una aflicción personal que una patología cultural.

No hace falta que levantes la ceja. Este capítulo no es una llamada a las armas ludita ni un alegato anticapitalista. El mundo moderno y, con un mayor énfasis en la libertad y el control individuales, nos han proporcionado beneficios casi incalculables. No podemos ni debemos volver atrás. Pero eso no significa que no hayamos perdido algo en el cambio, algo que necesitamos desesperadamente. Estas nuevas ideas son racionales, pero las necesidades humanas no son siempre tan racionales. Milenios de privaciones materiales produjeron un ardiente deseo de escapar de la dependencia, pero puede que nos hayamos pasado de la raya y hayamos conseguido la independencia total cuando lo que realmente necesitábamos era la interdependencia comunitaria. Sentir que somos libres, pero que seguimos juntos.

Fuera del mundo occidental, muchas personas siguen conectadas con todos los que los rodean por medio de la historia y la importancia comunitaria. Pero nuestra nueva historia, con todos sus beneficios objetivos, nos está imponiendo fuertes costes. Como escribe Sebastian Junger: «Numerosos estudios transculturales han demostrado que la sociedad moderna —a pesar de sus casi milagrosos avances en medicina, ciencia y tecnología— padece algunas de las tasas más altas de depresión, esquizofrenia, mala salud, ansiedad y soledad crónica de la historia de la humanidad. A medida que la riqueza y la urbanización incrementan en una sociedad, las tasas de depresión y suicidio tienden a aumentar en lugar de disminuir». Resulta irónico que los avances modernos nos hayan proporcionado vacunas que abordan los problemas médicos del COVID-19, pero los cambios en nuestra cultura han hecho que el distanciamiento social sea mucho más doloroso de lo que habría sido hace siglos.

Antes estábamos obligados a estar juntos por necesidad, pero nos hicimos ricos y ya no tenemos que estar conectados unos con otros para sobrevivir. Comprensiblemente, quisimos más libertad y control. Como en una reacción nuclear, rompimos los lazos y liberamos una energía tremenda y útil al mundo. Pero una reacción nuclear puede convertirse en un Chernóbil si no tenemos cuidado. Necesitamos algunos de esos lazos. Según Robert Putnam, de Harvard, el 77 % de los estadounidenses estaba de acuerdo con la afirmación «se puede confiar en la mayoría de la gente» en 1964. En 2012, solo el 24 % lo estaba.

La cuestión importante es cómo estamos abordando este problema ahora mismo.

Te daré una pequeña pista: no es una solución muy buena la que estamos usando...

Capítulo 17

Había sido nada menos que un romance fugaz. La primera vez que Nisan vio a Nemutan fue en una convención de cómics en Tokio. No tardaron en ir juntos a la playa. Y después, escapadas de fin de semana a Kioto u Osaka, sonriendo y riendo mientras se hacían fotos como pareja. En un abrir y cerrar de ojos, llevaban tres años juntos. Como dijo Nisan al *New York Times*: «He vivido tantas cosas increíbles gracias a ella... Me ha cambiado la vida».

Por cierto, Nemutan es una almohada. Más exactamente, un personaje animado en 2D impreso en una funda de almohada. (Sí, lo sé, las cosas se han puesto muy raras rápidamente). Nemutan es un personaje de anime sexi y en bikini de Da Capo, un videojuego. Nisan tiene siete fundas de almohada de ella. Guarda una en la oficina para las noches en las que tiene que trabajar hasta tarde. «Es genial para quedarse dormido con ella en la silla de la oficina».

Lo siento, señoras, Nisan ya está pillado...

De acuerdo, eso ha sido malvado de mi parte. Y es muy muy fácil ser malo aquí. La cosa es que no es el único. Enamorarse de personajes 2D se está convirtiendo en una especie de tendencia. Y no se trata solo de almohadas. Love Plus es un videojuego muy popular en Japón en el que los hombres pueden interactuar con novias virtuales. Coquetear y besarse con bellezas digitales que, ejem... no existen realmente. Los videojuegos románticos se están convirtiendo en un gran negocio en Japón, y el líder del mercado ingresó más de cien millones de dólares en 2016.

Y no todo es 2D. Los robots sexuales ya están aquí y se están convirtiendo en todo un *Westworld*. Abyss Creations está añadiendo voces, software de inteligencia artificial y caras animatrónicas a sus muñecas sexuales de silicona. Por supuesto, tú tienes el control sobre su aspecto. Eliges el color de pelo, el tamaño del busto y la forma del cuerpo que prefieres.

Sí, la aguja del medidor de «espeluznancia» acaba de llegar al rojo, pero no te quedes con la impresión de que todo se trata de sexo. En cuanto a Nisan, puede que sea mejor novio que yo. Acompaña a Nemutan al karaoke los viernes por la noche, e incluso se hacen fotos adorables en el fotomatón. Y Konami, la empresa gigante que fabrica varios juegos de simulación de citas, incluso organiza una convención de verano en la playa donde los jugadores pueden reunirse para una escapada de fin de semana con sus amados/as digitales. La socióloga Masahrio Yamada afirma que el 12 % de los jóvenes adultos encuestados han experimentado sentimientos románticos reales por los personajes de videojuegos o de otros tipos de ficción.

Y el mercado del amor virtual no se limita a los tíos socialmente torpes, sino que se ha convertido en el equivalente a los maridos de Stepford. Los juegos Otome para mujeres son básicamente novelas de amor interactivas. Lejos de tener citas con Mario, son un mundo digital de tíos guapos y dominantes; piensa en *Jane Austen* mezclada con *Cincuenta sombras de Grey*. Y, de nuevo, no se trata de una moda extravagante. En 2014, los juegos románticos de Voltage Inc. fueron usados por más de veintidós millones de mujeres. Tampoco es solo una cosa de Japón. En noviembre de 2015, dos juegos de Voltage se colaron entre las treinta aplicaciones más taquilleras de Estados Unidos. Lo que nos lleva a la mayor pregunta que te ronda por la cabeza ahora mismo:

¿QUÉ DEMONIOS ESTÁ PASANDO?

Un estudio académico de 2020 titulado apropiadamente «¿Qué factores impulsan a la gente a jugar a videojuegos románticos?» descubrió que solo había un rasgo asociado al deseo de jugar: la soledad. En una entrevista tras otra, cuando se les pregunta por sus amores digitales, los jugadores no hablan de belleza ni de cuerpos sexis, sino de temas relacionados con el deseo de compañía y aceptación.

Entre 2002 y 2015, el porcentaje de mujeres japonesas solteras y sin pareja de entre veinte y veinticuatro años pasó del 38,7 % al 55,3 %.

En el caso de los hombres de la misma edad, creció del 48,8 % al 67,5 %. Y el porcentaje de ese grupo de edad que nunca ha tenido una experiencia sexual alcanzó aproximadamente el 47 % tanto para hombres como para mujeres en 2015.

Vale, ¿entonces necesitan salir y tener más citas? Pero el problema no parece ser ese. Una encuesta del gobierno japonés reveló que el 37,6 % de los jóvenes no quiere tener una pareja. ¿Por qué? La mayoría dijo que era «molesto». Las relaciones reales parecen demasiado difíciles, demasiado arriesgadas. Los hombres japoneses dicen que no quieren el *mendokusai* («demasiados problemas») de las relaciones humanas. Y sus compañeras están de acuerdo. Al hablar de las ventajas de los juegos Otome, una mujer dijo: «Es una historia de amor ideal: no hay rivales femeninas ni finales tristes».

Quieren el control sin fricciones y la comodidad que solo ofrece la tecnología, con alguien que no es humano. Las parejas virtuales no tienen expectativas poco razonables. No te rechazan, ni te ignoran, ni te causan ansiedad. Y si hay problemas, puedes reiniciar el juego sin conversaciones incómodas de ruptura. No tiene inconvenientes y tiene, bueno, algunas ventajas.

No, no creo que la mayoría de nosotros vaya a encontrar a su futura alma gemela en la sección de almohadas de una gran tienda, pero esto está muy lejos de la inofensiva distracción de los juegos Tamagotchi. Nos enfrentamos a una epidemia de soledad, pero lo que es aún más preocupante son las nuevas formas en las que intentamos abordarla, formas que no parecen encaminadas a la satisfacción y la felicidad a largo plazo.

¿Por qué seguimos recurriendo a la tecnología en lugar de a los demás?

* * *

Estar solo es un asco. Por el contrario, ser popular es bueno. Muy bueno. Ser popular de niño marca una gran diferencia en la vida de las personas décadas más tarde, y de formas muy sorprendentes. Una investigación realizada por Mitch Prinstein, profesor de Psicología y Neurociencia de la Universidad de Carolina del Norte en Chapel Hill, demuestra que los niños populares obtienen mejores resultados en la escuela, tienen matrimonios más fuertes y mejores relaciones, y ganan más dinero cuando son adultos. Son más felices y viven más tiempo. La popularidad fue más predictiva de estos resultados positivos que el coeficiente intelectual, los antecedentes familiares o los problemas psicológicos. ¿Y qué pasa con los impopulares? Lo has adivinado: un mayor riesgo de enfermedad, depresión, abuso de sustancias y suicidio. Vaya.

Ahora, antes de desencadenar una guerra de clases entre los musculosos y los empollones, es importante señalar algo más: hay dos tipos de popularidad. La primera es el estatus. El estatus tiene que ver con el poder y la influencia. Piensa en los chicos guais del instituto. Y se puede alcanzar el estatus por medios muy desagradables, como el acoso. La «agresión proactiva» no hace que seas muy querido, pero, por desgracia, aumenta el estatus.

Nos guste o no, todos tenemos algún deseo de estatus. Nos gustaría tener más éxito en lo que los psicólogos llaman «objetivos extrínsecos»: poder, influencia y control. Esto lo llevamos muy adentro. Los centros de recompensa de nuestros cerebros se iluminan en los estudios de resonancia magnética cuando pensamos en personas de alto estatus. Y esos centros de recompensa brillan aún más cuando pensamos que la gente nos ve como a alguien de alto estatus. Y tiene sentido. El estatus nos da ese control sobre el mundo que tanto anhelamos. Si hacemos una encuesta a la gente, veremos que más de la mitad de las veces eligen el estatus por encima del dinero. Prefieren tener dos dólares cuando todos los demás tienen uno que tener tres dólares cuando todos los demás tienen cuatro.

El problema del estatus es que no es satisfactorio a largo plazo. (Ah, la venganza de los estudiosos). Joe Allen, de la Universidad de Virginia, hizo un seguimiento de los «chicos populares» durante una década después de la escuela secundaria y descubrió que tenían más problemas de abuso de sustancias, malas relaciones y comportamiento delictivo. Y este efecto se ha reproducido en todo el mundo. Centrarse en el estatus, el poder y los «objetivos extrínsecos» no conduce a nada bueno.

Esto no solo es cierto para los niños de trece años. ¿Qué se siente al tener el máximo estatus? ¿Siendo famoso? Las investigaciones académicas confirman otra máxima: se está muy solo en la cima. Un estudio titulado «Being a Celebrity: A Phenomenology of Fame» (Ser una celebridad: fenomenología de la fama) mostraba que, aunque la mayoría de nosotros queremos ser famosos para ser más queridos, irónicamente, ser famoso conlleva más soledad. Los famosos tienen que levantar muros para hacer frente a la avalancha de atención. El hecho de que los demás siempre quieran algo de ti hace que sea difícil confiar en nadie. Los amigos se vuelven envidiosos. Y así, ser querido por todo el mundo a menudo acaba produciendo lo que los autores llaman «aislamiento emocional». Y eso tiene efectos similares a lo que vimos con los chicos populares del instituto. Los famosos tienen casi el doble de problemas con el alcohol que la persona media y más de un cuádruple de la tasa de suicidio. Reza para que nunca tengas tus quince minutos warholianos.

¿Por qué centrarse en el estatus y en los objetivos extrínsecos suele acarrear problemas? Porque suele tener una contrapartida. Solo el 35 % de las personas de alto estatus son también muy «agradables». Cuando dedicamos nuestro tiempo a adquirir poder y control, lo que no estamos haciendo es centrarnos en objetivos «intrínsecos» como el amor y la conexión. Y mantener el estatus puede requerir comportamientos que son francamente antitéticos para las buenas relaciones, como el acoso. Ser querido a menudo significa ceder poder.

Y eso nos lleva al otro tipo de popularidad: ser simpático. Centrarse en los objetivos intrínsecos. Las personas agradables pueden no tener la misma influencia que la gente de alto estatus, pero son aquellos en quienes confiamos y nos aportan calidez. Son cooperativos y amables. Y este tipo de popularidad conduce a la felicidad. Edward Deci, profesor de la Universidad de Rochester, resume la investigación: «Aunque nuestra cultura pone un gran énfasis en alcanzar la riqueza y la fama, perseguir estos objetivos no contribuye a tener una vida satisfactoria. Las cosas que hacen que tu vida sea feliz son crecer como individuo, tener relaciones afectivas cariñosas y contribuir a tu comunidad». ¿Recuerdas las estadísticas que mencioné sobre los beneficios de la popularidad? Son de los populares simpáticos, no de los populares con estatus. Un estudio de varias décadas sobre más de diez mil niños en Suecia demostró que, con mayor frecuencia, la simpatía es lo que conduce a la felicidad y el éxito a largo plazo.

Esto es paralelo a lo que discutíamos antes a nivel cultural. Nuestro deseo de control individualista nos dio mucho poder, como lo hace el estatus. Pero también ha generado desconexión y no es tan satisfactorio como ser simpático y tener una comunidad de gente que te quiere. Así que nos enfrentamos a la lucha a muerte entre el estatus y la simpatía a nivel social. ¿Y sabes qué? La simpatía y los objetivos intrínsecos no están ganando.

¿Qué quieres que sea tu hija cuando crezca? ¿Directora general? ¿Senadora? ¿Presidenta de Yale? Esas fueron varias de las opciones en una encuesta realizada a 653 estudiantes de secundaria. Y todas ellas perdieron frente a «asistente personal de un cantante o estrella de cine muy famoso», que obtuvo el 43,4 % de los votos.

Los jóvenes de hoy quieren ser famosos más que cualquier otra cosa. Un estudio de Pew Research de 2007 sobre los jóvenes estadounidenses reveló que «los principales objetivos de su generación son la fortuna y la fama». Podemos verlo en los medios de comunicación. Entre 1983 y 2005 no hubo programas de televisión sobre niños que se hacen famosos. Después de 2006, casi el 50 % de los programas de Disney Channel tratan ese tema.

En nuestra cultura individualista de hoy en día, el estatus va camino de convertirse en sinónimo de autoestima y, como señala Prinstein, esta no es una gran receta para la felicidad. Sin embargo, es una gran receta para el narcisismo. Un estudio realizado en 2010 en más de catorce mil estudiantes universitarios observó un descenso del 40 % en la empatía durante las últimas décadas, mientras que otro estudio («Egos Inflating over Time» —Los egos se hinchan con el tiempo—) descubrió que las puntuaciones en el Índice de Personalidad Narcisista aumentaron casi un 50 % entre 1990 y 2006 entre una cohorte similar. En el siglo XXI, el narcisismo ha aumentado tan rápidamente como la obesidad.

Cuando nos sentimos conectados a los demás, el control es menos importante porque notamos que la ayuda está ahí. Pero cuando nos sentimos solos, nuestro cerebro escanea en busca de amenazas el doble de rápido. Necesitamos controlar el entorno para sentirnos seguros. Y esa necesidad desesperada de control en un mundo cada vez más individualista está afectando a nuestras relaciones. No solo cómo las manejamos, sino el tipo que elegimos y la forma que adoptan. Queremos unas en las que tengamos el control. No queremos relaciones sociales; ahora queremos lo que los psicólogos llaman «relaciones parasociales».

El concepto se creó en 1956 para describir las pseudorelaciones que la gente establecía con los personajes de la televisión. Los investigadores Cohen y Metzger escribieron que «la televisión representa al invitado perfecto, uno que viene y se va a nuestro antojo». Relaciones en nuestros términos. Risas y calidez sin todos los problemas de tratar con otras personas que tienen sus propias necesidades. No te defraudan, no te piden dinero prestado y puedes apagarlas cuando ya has tenido suficiente. La profesora del MIT Sherry Turkle dice que «ofrecen la ilusión del compañerismo sin las exigencias de la amistad».

Y es impactante lo poderosas que pueden ser estas relaciones parasociales. En 2007 hubo una huelga de guionistas de televisión, y muchos de los programas dejaron de emitir temporalmente nuevos episodios. ¿Cuál fue el efecto emocional en los espectadores que habían desarrollado fuertes vínculos parasociales con sus personajes de ficción favoritos? Un estudio de 2011 lo expresó sin rodeos: fue como una ruptura. Si estás empezando a pensar que «las relaciones reales son a las relaciones parasociales lo que el sexo es al porno», tienes razón. Porno emocional.

Y al igual que el tiempo que se pasa intentando adquirir un estatus te roba tiempo a ser simpático, ¿adivinas de dónde sale el tiempo para la televisión? Exactamente: del tiempo que se pasa con la gente de verdad. Pero la televisión no es tan satisfactoria como el tiempo social. Los televidentes empedernidos son menos felices y tienen más ansiedad. Es cambiar una suntuosa cena por las calorías vacías y el escaso valor nutritivo de la comida basura. Pero esto no es solo un problema individual, sino que a lo largo del siglo xx se ha convertido en un problema de la sociedad.

El libro del profesor de Harvard Robert Putnam, *Bowling Alone*, es la mejor novela de ciencia ficción distópica que jamás hayas leído, salvo que no es ficción. Detalla meticulosamente el declive de la participación comunitaria estadounidense durante el último cuarto del siglo xx. Entre 1985 y 1994 se produjo un descenso del 45 % en la participación en organizaciones comunitarias. Ya no hay tiempo para las ligas de bolos y los Boy Scouts. El tiempo dedicado a las cenas familiares se redujo en un 43 %. Invitar a los amigos a casa se redujo en un 35 %. Putnam escribe: «Prácticamente todas las formas de convivencia familiar se han reducido en el último cuarto del siglo xx». ¿Y cuál fue el principal culpable que identificó? La televisión.

Pero ahora estamos en el siglo xxi. Nuestros deseos parasociales no han cambiado, pero la tecnología sí. ¿Recuerdas aquellos estudios en los que la pérdida de los personajes de la televisión era como una ruptura? Bueno, ¿adivinas qué ocurre cuando pones a la gente en una resonancia magnética y reproduces los sonidos y vibraciones de un *smartphone*? No, no muestra todos esos horribles signos de adicción. No es un cerebro que grita sediento de droga, sino ávido de amor. Reaccionas ante tu *smartphone* como si fuera un miembro de la familia o una persona importante.

La tecnología no es tan intrínsecamente mala como algunos la han hecho ver. El verdadero problema es que, al igual que la televisión, a menudo utilizamos el tiempo de la tecnología para sustituir la interacción cara a cara y las actividades comunitarias. Norman Nie, de Stanford, afirma que «por cada mensaje personal de correo electrónico enviado o recibido se reduce en casi un minuto el tiempo que se pasa con la familia». Con una media de 13 correos electrónicos personales enviados y recibidos, eso equivale a unos 13 minutos menos de tiempo en familia al día, o a unas 1,5 horas a la semana». La tarta de chocolate no es mala, pero si el 50 % de tus comidas fueran tarta de chocolate, no sería una buena idea. Utilizar la tecnología para organizar reuniones en directo es un bien no adulterado. Pero cuando sustituye al cara a cara, no nos conectamos más, sino que nos distanciamos más. Y ahora pasamos más tiempo con los dispositivos digitales que durmiendo.

Y todo este tiempo centrado en las pantallas ha creado un efecto volante para nuestro problema con el estatus y los valores extrínsecos. El interés de la gente por la fama, el dinero y los logros creció significativamente entre 1967 y 1997, pero se disparó después de 1997. ¿Qué ocurrió en 1997? El auge de Internet. Y al igual que Putnam observó el declive de la comunidad atribuible a la televisión, Jake Halpern afirma que esas tendencias no han hecho más que aumentar con el auge de las tecnologías digitales. Entre 1980 y 2005, el número de veces que los estadounidenses invitaron a amigos a su casa se redujo a la mitad. La participación en clubes se redujo en dos tercios en los tres decenios posteriores a 1975. Y estamos experimentando una severa ausencia de pícnics. Sí, los pícnics han bajado un 60 % en el mismo periodo.

El famoso biólogo E. O. Wilson dijo una vez: «La gente debe pertenecer a una tribu». Pero, ¿dónde están encontrando muchos a sus tribus hoy en día? En los videojuegos. ¿Cuáles son los preferidos por las personas que sufren adicción a Internet? La psicoterapeuta Hilarie Cash dijo a Johann Hari: «Los juegos más populares son los multijugadores, en los que se forma parte de un gremio —que es un equipo— y se gana el estatus en ese gremio... Es el tribalismo en su esencia». Pero las comunidades *online* y las presenciales no son intercambiables. Cuando Paula Klemm y Thomas Hardie estudiaron los grupos de apoyo en línea al cáncer, descubrieron que el 92 % de los participantes estaban deprimidos. ¿Cuántas personas de los grupos presenciales lo estaban? Cero. Informan: «Los grupos tradicionales de apoyo al cáncer pueden ayudar a las personas a enfrentarse a su enfermedad, pero la eficacia de los grupos de apoyo al cáncer en Internet... aún está por demostrar». Es muy fácil sustituir el contacto cara a cara por la interacción en línea, pero no se crean las mismas conexiones. El psicólogo Thomas Pollet descubrió que «pasar más tiempo en la mensajería instantánea o en [redes sociales] no aumentó la cercanía emocional de las relaciones».

Y es un doble palo. A medida que dedicamos más tiempo y energía a las conexiones digitales menos satisfactorias, degradamos nuestra capacidad de conectar con los demás. ¿Recuerdas la reducción del 40 %

en la empatía entre los jóvenes? ¿A qué se debe? Edward O'Brien, que formó parte del equipo de investigación, dijo: «La facilidad de tener "amigos" en línea puede hacer que la gente sea más propensa a desconectarse cuando no tiene ganas de responder a los problemas de los demás, un comportamiento que podría trasladarse fuera de línea... Si a esto le añadimos el ambiente hipercompetitivo y las expectativas exageradas de éxito, derivadas de los *reality shows* de famosos, tenemos un entorno social que va en contra de frenar y escuchar a alguien que necesita un poco de compasión».

Seguramente estarás pensando que estamos rotos para siempre y que lo único que podremos conectar a estas alturas es un cargador de teléfono. No es así. Turkle señala otro estudio sobre la juventud:

«En solo cinco días en un campamento sin sus teléfonos, los niveles de empatía vuelven a subir. ¿Cómo ocurre esto? Los campistas hablan entre sí».

No sé tú, pero yo no puedo permitirme que mi capacidad de conectar se degrade aún más. Mis habilidades sociales alcanzaron su punto álgido en el parvulario. Esta mañana me he equivocado en el *captcha* tres veces, y todo el día he estado convencido de que soy un robot. La tecnología nos ha aportado cosas muy positivas, pero también canibaliza el tiempo que podríamos pasar con los demás como comunidad. Konrad Zuse, considerado el padre del ordenador moderno, dijo: «El peligro de que los ordenadores se vuelvan como los humanos no es tan grande como el de que los humanos se vuelvan como los ordenadores».

Acabamos en un lugar donde no tenemos ni comunidad ni soledad, siempre conectados pero nunca realizados. La tecnología y las redes sociales no son malas, pero cuando sustituyen a la comunidad real, tenemos un problema porque no conseguimos los vínculos significativos que necesitamos. No nos sentimos realmente «en eso juntos» o «parte de algo». Tenemos demasiado control y autonomía para tener algún tipo de identidad colectiva.

Si mañana nos alcanzara un pulso electromagnético, destruiría nuestros teléfonos inteligentes, pero no solucionaría nuestro problema cultural. Estamos llenando el vacío con tecnología, estatus y control porque nos falta algo mejor. El psicólogo Scott Barry Kaufman dijo: «La sed de poder es un intento de escapar de la soledad. Sin embargo, el poder nunca es tan satisfactorio como el amor».

En el fondo, seguimos siendo esos Homo sapiens de la sabana, ¿y qué necesitaban ellos? Bueno, hay una respuesta. Y llegaremos a ella explorando algo que sonará totalmente absurdo viniendo de mí, el tipo que escribe sobre ciencia.

Tenemos que fijarnos en los cristales curativos y las auras, y todo aquello ante lo que pongo los ojos en blanco. (Por Dios, acabo de decir algo positivo sobre la pseudociencia. Si escuchas con atención, puedes oír cómo me muero por dentro). No, no funcionan. Son todo patrañas. Pero en todas esas tonterías encontraremos el secreto de por qué nuestro mundo moderno se ha vuelto tan problemático, y también la tan necesaria esperanza para el futuro que nos hace falta ahora mismo...

Capítulo 18

Todo empezó con una alfombra persa. La paciente la trajo como regalo para Ted Kaptchuk porque la había «curado». Ted lo aceptó amablemente... a pesar de no creer una palabra de lo que ella decía. Él no era un cirujano o un oncólogo, ni siquiera era médico. Ted dispensaba hierbas y acupuntura.

Ted es un tipo sincero y razonable. Creía que su trabajo tenía cierta capacidad para hacer que sus pacientes se sintieran mejor; por eso lo hacía. Pero esta clienta le decía que le había curado un problema en sus ovarios que requería cirugía. Como dijo al *New Yorker*, «no había ninguna maldita posibilidad de que las agujas o las hierbas hicieran algo por los ovarios de esa mujer. Tenía que ser algún tipo de placebo, pero nunca había prestado mucha atención a la idea del efecto placebo».

Años más tarde fue invitado a visitar la Facultad de Medicina de Harvard. Los investigadores estaban estudiando nuevas terapias basadas en la medicina alternativa y querían su opinión. Y allí es donde tuvo su primer contacto formal con el efecto placebo. A menudo, el efecto era tan fuerte que era más potente que el medicamento que se estaba probando. Esto enfadaba a los médicos porque se interponía en su camino. Ted estaba confundido. *Estamos tratando de aliviar el dolor y esto alivia el dolor. ¿Por qué lo odiáis?*

Y fue entonces cuando Ted supo a qué dedicaría el resto de su carrera. Quería ayudar a los pacientes comprendiendo esta «molestia» que aliviaba a tanta gente. Ted comentaba: «Estábamos luchando por aumentar los efectos de los fármacos mientras que nadie intentaba aumentar el efecto placebo». Pensaba que estábamos ignorando una de las herramientas más poderosas de la medicina. Así que Ted se dedicó a mostrar a los médicos el error que habían estado cometiendo.

Y eso no iba a ser fácil. Iba a tener que demostrarlo científicamente, o nadie lo escucharía. No tenía un título de médico ni un doctorado. No sabía nada sobre la realización de estudios clínicos o los métodos estadísticos necesarios para la investigación. Así que tendría que aprender...

COMIENZA A SONAR EL TEMA DE *ROCKY*.

Ted pidió a los mejores estadísticos médicos de Harvard que lo tomaran en su regazo y le enseñaran. Era increíblemente difícil pasar de las hierbas y las agujas de acupuntura a las matemáticas rigurosas, pero se entregó a ello. Ted trabajó duro. Y ese trabajo duro dio sus frutos cuando pudo empezar a dirigir estudios, y especialmente cuando empezó a ver los resultados. No estaba loco. El efecto placebo no podía matar virus ni extirpar tumores, pero tenía un poder impresionante para hacer que la medicina «real» fuera aún mejor.

Dividió a unos pacientes con migraña en tres grupos. El primero recibió un placebo en un sobre etiquetado como «Maxalt» (un medicamento para la migraña aprobado por la FDA). El segundo recibió Maxalt real en un sobre etiquetado como «placebo». El tercero recibió Maxalt en un sobre con la etiqueta «Maxalt». ¿Cuál fue el resultado? El 30 % de los que recibieron el sobre de placebo con la etiqueta «Maxalt» se sintieron mejor. Y el 38 % de los que recibieron el fármaco real etiquetado como «placebo» se sintieron aliviados. Estadísticamente, los resultados eran indistinguibles. El placebo era tan potente como el fármaco para aliviar el dolor. Pero eso no era lo más importante. Los que recibieron Maxalt con la etiqueta «Maxalt» se sintieron mejor el 62 % de las veces. Eso es un 24 % mejor que el mismo medicamento cuando se etiqueta de forma diferente. Para conseguir la máxima eficacia, había que maximizar el efecto placebo.

E incluso descubrió cómo su trabajo anterior había ayudado a la gente. Ted tomó dos grupos de pacientes y dio a uno acupuntura real y al otro acupuntura «simulada» (parece lo mismo para los sujetos pero las agujas no penetran en el cuerpo). Ambos reportaron mejoras similares. Así que la acupuntura de Ted no proporcionó ningún alivio real, sino que lo hizo el efecto placebo.

Por supuesto, la investigación de Ted encontró resistencia. Pero ahora podía devolver el golpe con una investigación rigurosa. Dejó muy claro que no estaba diciendo que el efecto placebo fuera a curar el cáncer o a arreglar huesos rotos. Pero ahora Ted podía demostrar que los placebos tenían efectos fisiológicos comprobados en los pacientes cuando se trataba del dolor y la ansiedad, y que potenciaban los resultados de los tratamientos «reales».

Ted demostró que no era mágico ni falso. La naloxona es un fármaco que bloquea los receptores de opiáceos, normalmente utilizado para contrarrestar las sobredosis de heroína. Pero la naloxona también bloquea los opiáceos naturales del cuerpo, las endorfinas. ¿Adivinas qué más sucede cuando le das naloxona a la gente? El efecto placebo deja de funcionar. Así que los placebos no son un cristal mágico curativo cuántico multidimensional: son un proceso normal que aprovecha los analgésicos naturales del cuerpo de alguna manera que la medicina moderna aún no entiende. Y ese efecto podría ser intenso. Ocho miligramos de morfina es mucho. Pero los pacientes que la reciben y los que simplemente se les dice que la recibieron experimentan la misma cantidad de alivio. Hay que aumentar la dosis en un 50 % para que el efecto del fármaco supere al del placebo.

No pasó mucho tiempo antes de que el tipo sin doctorado y licenciado en un programa de medicina china de Macao recibiera subvenciones de los Institutos Nacionales de la Salud (NIH) para avanzar en su investigación. Pero lo que preocupaba a Ted ahora era que, aunque sabía que el efecto placebo era real y útil, no estaba seguro de cómo y por qué funcionaba. Y estaba encontrando algunos resultados extraños en los datos que le decían que el pozo era aún más profundo de lo que pensaba...

Cuatro pastillas de placebo al día funcionan mejor que dos. Las píldoras placebo azules son superiores para mejorar el sueño; las verdes para reducir la ansiedad. Pero las cápsulas de placebo superan a las píldoras de placebo, y las inyecciones de placebo son aún mejores. Ah, y los placebos caros y de marca superan a los genéricos baratos.

¿Eh? ¿Por qué el método de administración iba a suponer tal diferencia cuando la sustancia (inactiva) administrada era siempre la misma? ¿Y sabes cuál fue el resultado más loco de todos? Los placebos funcionaban incluso cuando eran placebos de «etiqueta abierta»: sí, se podía decir a la gente que la medicación falsa era falsa y seguían sintiéndose mejor.

Y fue entonces cuando se dio cuenta de por qué había sido tan buen sanador incluso cuando dispensaba tratamientos de medicina alternativa. El efecto placebo tenía que ver con el ritual. Se trataba de la creencia del paciente de que iba a mejorar. Las inyecciones parecen más serias que las pastillas, por lo que aumentan el efecto placebo. Las marcas y los grandes precios claman legitimidad, ergo, más efecto placebo. Pero no todo era engaño. Más empatía, más atención y más preocupación por parte del médico transmitían el mismo poder. Uno de sus estudios demostró que el 28 % de los pacientes a los que no se les dio ningún tratamiento tuvieron un alivio sintomático después de tres semanas. Mejoraban por sí solos. Sin embargo, el 44 % de los pacientes a los que se les practicó una acupuntura simulada con un médico «distante» mejoraron. El ritual y la atención tuvieron un efecto positivo. Pero ¿qué ocurrió cuando la acupuntura simulada se combinó con un médico que realmente mostraba preocupación? ¿Cuando se instruyó a los médicos para que mantuvieran una conversación de cuarenta y cinco minutos con el paciente? El 62 % de los pacientes se sintió mejor. La atención tuvo un efecto dosis-dependiente.

De nuevo, esto no va a acabar con el virus del ébola ni va a sustituir la cirugía de *bypass*. Pero, veamos, ¿con qué frecuencia vamos al médico por esas cosas serias frente a las pequeñas cosas en las que solo queremos aliviar nuestro malestar? Y la medicina «real» funciona aún mejor con el efecto placebo. Pero lo que eso significa es que la medicina «real» funciona mejor cuando alguien nos demuestra que se preocupa.

Ted Kaptchuk demostró que aunque, ciertamente, hemos ganado enormemente con las mejoras en la tecnología, también hemos perdido algo en el camino al ignorar el poder de la compasión. Las visitas médicas apresuradas reducen el efecto placebo y la recuperación del paciente. Se habla de boquilla sobre el trato con los pacientes, pero este tiene efectos reales en ellos. Por supuesto, queremos medicamentos reales y cirugía real con efectos «reales». Pero funcionan mucho mejor —científicamente mejor— con el elemento humano que proporciona esos efectos placebo «falsos».

Ted Kaptchuk lleva más de veinte años sin practicar la acupuntura. Pero ha estado aplicando las lecciones que aprendió en aquellos días en su nuevo papel. En 2013, Ted fue nombrado profesor titular de Medicina en la Facultad de Medicina de Harvard. Todavía no es médico ni tiene un doctorado. Dirige el Programa de Estudios de Placebo y el Encuentro Terapéutico en Harvard. Es el único programa que existe dedicado al efecto placebo, el lado humano de la ciencia médica.

Esa es la historia de Ted...

Pero aún no hemos terminado. Todavía no hemos explicado por qué funciona el efecto placebo. Sí, sí, la-relación-con-el-médico-te-cura-y-bla-bla-bla es bonita y poética, y perfecta para mi libro, pero no estamos aquí solo para historias que nos hacen sentir mejor. Si nuestro cuerpo puede apagar el dolor, ¿por qué no lo hace? ¿Cuál es la lógica evolutiva de por qué esos sentimientos cálidos pueden ser a veces tan importantes como el tratamiento «real»?

Piensa en el dolor no como un efecto directo de la lesión, sino más bien como la luz de «necesita atención» en el salpicadero de tu coche. Te dice que algo va mal y que hay que solucionarlo. Tu cuerpo te está diciendo: «Tienes que dejar de hacer lo que estás haciendo y ocuparte de esto». Atención. Como hemos visto, es fundamental para el efecto placebo. Es la razón por la que los placebos funcionan incluso cuando sabemos que son placebos. Cuando alguien se preocupa por nosotros, cuanta más atención nos presta, más competente parece, mejores herramientas utiliza, más tiempo pasa con nosotros, más lo nota nuestro cuerpo. Y entonces tu cuerpo puede contar una nueva historia: «Alguien nos cuida. Ya no es necesario que te grite a base de dolor. Ahora estamos a salvo. Y se apaga la luz de «necesita atención».

La soledad aumenta nuestra atención a las emociones negativas porque no estás seguro, no tienes a nadie que te cuide, y tu cuerpo sabe que históricamente esto ha sido muy malo para el Homo sapiens. El efecto placebo es lo contrario. Dice: «Alguien está cuidando de nosotros. Los refuerzos han llegado. Ahora estamos a salvo». Hasta el 66 % de los clientes de la terapia dicen que se sienten mejor incluso antes de tener su primera cita, solo como resultado de una entrevista de admisión. «La ayuda está en camino. Puedo apagar la luz». Que te cuiden puede curarte. Normalmente, cuando oigo frases tan empalagosas como esa, mis ojos empiezan a girar incontroladamente hacia arriba, pero es cierto, científicamente.

Resulta que los placebos sí tienen un ingrediente activo: los seres humanos que se cuidan entre sí.

* * *

Entonces, ¿qué ocurre en un mundo tan centrado en el estatus y lo extrínseco y tan poco en la atención a los demás y lo intrínseco? Nos deprimimos. Los niveles de felicidad han disminuido en el mundo occidental en los últimos cincuenta años y la incidencia de la depresión profunda ha aumentado, a pesar de nuestro enorme éxito material. En 2011, el Centro Nacional de Estadísticas de Salud anunció que casi una cuarta parte de las mujeres de mediana edad en Estados Unidos toman antidepresivos.

Pero hoy en día nos equivocamos con las causas de la depresión. Nos apresuramos a pensar que se debe a un desequilibrio químico o a alguna otra razón endógena. Eso es sin duda una parte, pero está lejos de ser la causa principal. Los psicólogos George Brown y Tirril Harris realizaron una serie de estudios que demostraron que el 20 % de las mujeres que no tenían depresión sufrían de problemas importantes en sus vidas. En el caso de las mujeres que sí se deprimieron, la cifra fue del 68 %. Sí, lo sé, la única sorpresa de esta estadística es que no hay sorpresa. Los problemas de la vida te ponen triste. Pero aquí está el giro argumental: no fue solo la cantidad de cosas malas lo que las llevó a la depresión; fue la proporción de problemas con respecto a los estabilizadores en su vida: la cantidad de apoyo que recibieron de los que las rodean. ¿Tienes grandes problemas y ningún apoyo? La probabilidad de padecer depresión alcanza el 75 %. Johann Hari recogió los resultados de la investigación en su libro *Lost Connections*: «[La depresión] no era solo un problema causado porque el cerebro funcionara mal. La causa era que la vida funcionaba mal». Y estos efectos se han reproducido en todo el mundo.

Un estudio de 2012 sobre la depresión concluyó: «Las características generales y específicas de la modernización se correlacionan con un mayor riesgo». Otro estudio, «Depression and Modernization: A Cross-Cultural Study of Women» (Depresión y modernización: Un estudio intercultural de las mujeres), descubrió que las mujeres rurales nigerianas, que son las que peor lo pasan, eran las menos propensas a estar deprimidas, mientras que las mujeres estadounidenses de las ciudades eran las más propensas. El mundo occidental es más rico que nunca, pero está más deprimido que nunca. Dado que los problemas en la vida son inevitables, es claramente una cuestión de apoyo. No lo estamos consiguiendo por la forma en que vivimos.

¿Y qué hicimos al respecto? Oh, les dimos un placebo. Sí, estoy hablando de antidepresivos como el Prozac. Un documento de 2014 concluyó: «Los análisis de los datos publicados y los datos no publicados que fueron ocultados por las compañías farmacéuticas revelan que la mayoría (si no todos) de los beneficios se deben al efecto placebo». Y otro estudio, titulado «Listening to Prozac but Hearing Placebo (Escuchar al Prozac pero oír el placebo)», analizó a más de 2.300 sujetos y descubrió que «aproximadamente una cuarta parte de la respuesta al fármaco se debe a la administración de un medicamento activo, la mitad es un efecto placebo y la cuarta parte restante se debe a otros factores inespecíficos». ¿Estos trabajos dieron lugar a una avalancha de rechazo por parte de la comunidad científica en general? No.

No estoy diciendo que todo el mundo deba tirar sus medicamentos a la basura. Sí que ayudan a la gente. Pero para muchos, no es por las razones que pensamos. La mayor explicación de sus efectos es que simulan los cuidados. Unos cuidados que nos faltan en el mundo moderno. Pero, ¿qué ocurre cuando alguien no recibe el placebo? ¿O cuando el efecto placebo no es suficiente? Pues bien, abordan la falta de sensación de cuidado de forma más directa. Con drogas ilegales.

Todos conocemos la historia de la rata de laboratorio que aprieta febrilmente la palanca para conseguir más drogas. Bruce Alexander, profesor de Psicología de la Universidad Simon Fraser, se preguntó si la adicción era la única causa. Se dio cuenta de que en todos esos experimentos, el roedor adicto estaba solo. ¿Qué ocurre cuando se pone a las ratas en una jaula con amigos y juguetes y se crea una ratatopía? No quieren la droga. Cuando estaban solas, las ratas consumían 25 mg de morfina. En la ratatopía, los animales usaron menos de 5 mg. Por supuesto que las ratas originales tomaban drogas, estaban en confinamiento solitario.

En el artículo «Is Social Attachment an Addictive Disorder? (¿El apego social es un trastorno adictivo?)», la conclusión del neurocientífico Thomas Insel fue: «sí, nuestro cerebro es adicto a otras personas». Y el abuso de sustancias imita los resultados en nuestra materia gris, aprovechando las mismas vías dopaminérgicas. ¿Recuerdas cómo la naloxona, el bloqueador de opiáceos, acabó con el efecto placebo? También elimina los efectos del vínculo en los rituales religiosos. Cuando estamos en una comunidad, nos drogamos con nuestro propio suministro, pero cuando no hay comunidad, debemos obtener nuestro suministro en otra parte.

Entre 1980 y 2011, el consumo de morfina se multiplicó por treinta. Pero no aumentó en todas partes. Sam Quinones señala: «El consumo no aumentó en el mundo en desarrollo, que podría considerarse razonablemente como la región con más dolor agudo. En cambio, los países ricos, con el 20 % de la población mundial, pasaron a consumir casi toda la morfina del mundo, más del 90 %». En un mundo de individualismo, centrado en el estatus y el control pero con poco cariño, vemos una explosión de problemas de salud mental y adicción.

Así que consideremos lo contrario. ¿Qué ocurre en un mundo donde el individualismo no está en primer plano? ¿Donde el estatus y los valores extrínsecos no son solo secundarios, sino que desaparecen temporalmente? Qué demonios, subo la apuesta. ¿Qué sucede cuando experimentamos la guerra y el desastre? ¿Cuando las cosas son tan objetivamente horribles como pueden ser?

La respuesta es que volvemos a la naturaleza humana. Tal vez pienses que eso es algo malo, especialmente después de todo lo horrible que he descrito sobre nuestra situación actual. Tal vez pienses que la naturaleza humana es toda crueldad darwiniana. Para ser justos, hasta ahora, a veces he dado una mala imagen de Darwin. La supervivencia del más fuerte, la competencia despiadada, el individualismo moderno y la historia del pobre George Price. Pero eso no es la historia completa de nuestra evolución.

¿Por qué crees que somos los grandes triunfadores de las especies de este planeta? ¿Porque somos los más inteligentes? No lo somos. Los neandertales lo fueron. Tu cerebro es un 15 % más pequeño que el de ellos. Descubrimientos recientes muestran que tenían fuego, música, cultura y pinturas rupestres. Parece que los Homo sapiens aprendimos algunas cosas de ellos, como el uso de herramientas. Entonces, ¿por qué ganamos?

Nos convertimos en los reyecitos de la vida en la Tierra porque fuimos los más cooperativos. Esa es la historia del éxito de nuestra especie. Rutger Bregman dice: «Si los neandertales eran un ordenador superrápido, nosotros éramos un PC anticuado, pero con wifi. Éramos más lentos, pero estábamos mejor conectados».

Como dije en la primera sección, somos terribles en la detección de mentiras. Pero nuestra debilidad para detectar mentiras es nuestra fuerza colectiva. Nuestro defecto es confiar en los demás. Trabajar juntos. Cuando los neandertales individualistas decían: «A la mierda, me voy de aquí», nosotros nos manteníamos unidos. Nuestra capacidad para colaborar, para ayudar, incluso cuando las cosas estaban en su peor momento, significó, con el tiempo, que nosotros ganamos y ellos perdieron. A pesar de su cerebro más grande, los neandertales solo podían trabajar juntos en tribus de diez a quince, pero nuestros superpoderes de colaboración nos permitieron escalar a grupos de más de cien. Puedes imaginar cómo fueron esas batallas. Y una lectura más detenida de Darwin muestra que era consciente de eso:

«Aquellas comunidades que incluyeran el mayor número de miembros más solidarios, florecerían mejor y criarían el mayor número de descendientes».

Tendemos a creer que, cuando las cosas están en su peor momento objetivo, como durante las guerras y las catástrofes, los seres humanos se ponen en plan «sálvese quien pueda», pero eso no es así. El sociólogo Charles Fritz realizó un estudio en 1959 en el que entrevistó a más de nueve mil supervivientes de catástrofes, y descubrió que, cuando la sociedad moderna se va al infierno, volvemos a nuestro estado natural de cooperación. El estatus se deja de lado temporalmente. Ignoramos las disputas sobre política, clase y religión. No hay tiempo para esas cosas en este momento, coge un cubo. Obtenemos claridad sobre lo que es verdaderamente importante, una claridad que parece imposible durante la vida cotidiana. Cuando lo que está en juego es la vida y la muerte, lo que tiene sentido es muy claro.

Cuando tienes un problema, es tu problema. Pero cuando todos tenemos un problema, como la devastación de un tsunami o la invasión enemiga, es nuestro problema. Estamos juntos en esto. Fritz escribió: «El hecho de compartir el peligro, las pérdidas y las privaciones de forma generalizada produce una solidaridad íntima, principalmente grupal, entre los supervivientes... Esta fusión de necesidades individuales y sociales proporciona un sentimiento de pertenencia y una sensación de unidad que rara vez se consigue en circunstancias normales». Y así volvemos a nuestra naturaleza. La necesidad de conexión es más profunda que el deseo de comodidad. Y cuando las cosas están en su peor momento objetivo, los humanos están en el mejor.

En 2005, el huracán Katrina azotó Nueva Orleans. El 80 % de la ciudad quedó inundada y más de 1.800 personas murieron. ¿Cómo respondieron los seres humanos? Bueno, los medios se llenaron de noticias de anarquía.

Los asesinatos, las violaciones, los saqueos y el dominio de las bandas llenaban los titulares. Pero no era cierto. Al mes siguiente, un análisis más profundo reveló que «la gran mayoría de las atrocidades denunciadas cometidas por los evacuados —asesinatos en masa, violaciones y palizas— han resultado ser falsas, o al menos no están respaldadas por ninguna prueba, según funcionarios militares, policiales, médicos y civiles clave en posición de saber». Rebecca Solnit habló con Denise Moore, que estaba allí en medio de todo, y dijo: «Estábamos atrapados como animales, pero vi la mayor humanidad que jamás había visto en los lugares más inverosímiles».

El Centro de Investigación de Catástrofes de la Universidad de Delaware revisó más de setecientos estudios sobre incidentes similares y descubrió que este tipo de respuesta es cierta en general. No nos aprovechamos, nos unimos. Bregman cita a un investigador: «Sea cual sea el alcance del saqueo, siempre palidece ante el altruismo generalizado que lleva a dar y compartir bienes y servicios de forma gratuita y masiva».

Cuando el grupo está amenazado, nos sacrificamos de buena gana porque no es un sacrificio. Estamos contentos de que nos necesiten y de contribuir. Cuando se produce una catástrofe, hay más personas que se dirigen hacia el lugar de los hechos que las que se alejan. Fritz escribió: «El movimiento hacia la zona de la catástrofe suele ser cuantitativa y cualitativamente más significativo que la huida o la evacuación del lugar de la destrucción». Y esta es la norma. Adam Mayblum contó su experiencia en el 11-S a Rebecca Solnit: «No consiguieron aterrorizarnos. Estábamos tranquilos. Si quieren matarnos, que nos dejen solos porque lo haremos por nosotros mismos. Si quieren hacernos más fuertes, que ataquen y nos unimos».

Cuando somos uno, no necesitamos placebos. Damos cuidados y recibimos cuidados. Durante la guerra, los ingresos psiquiátricos se reducen. Este fenómeno se ha documentado una y otra vez. Cuando Belfast experimentó disturbios en la década de 1960, la depresión cayó en picado en los distritos con más violencia y aumentó donde no había ninguna. El psicólogo H. A. Lyons escribió: «Sería irresponsable sugerir la violencia como medio para mejorar la salud mental, pero los resultados de Belfast sugieren que la gente se sentirá mejor psicológicamente si se implica más en su comunidad».

Y, quizá lo más sorprendente, es que a menudo somos felices. La famosa humanitaria Dorothy Day escribió sobre el terremoto de San Francisco de 1906 diciendo: «Lo que más recuerdo del terremoto fue el calor humano y la amabilidad de todos después... Mientras duró la crisis, la gente se amó».

Y cuando la amenaza es sofocada, irónicamente, la echamos de menos. No el dolor o la miseria, sino la comunidad. Sebastian Junger habló con la periodista Nidzara Ahmetasevic, veinte años después de la guerra de Sarajevo, y le preguntó si eran más felices entonces. Ella respondió: «Éramos más felices que nunca. Y nos reíamos más». Y añadió: «Sí que echo de menos algo de la guerra. Pero también creo que el mundo en el que vivimos —y la paz que tenemos—están muy jodidos si alguien echa de menos la guerra. Y mucha gente lo hace».

No, no estoy sugiriendo que vayamos a la guerra o que todos vivamos en chozas de hierba sin electricidad. Obviamente, hay muchas muchas, muchísimas cosas buenas en el mundo moderno, y no pretendo parecer un alquimista de la melancolía que hace que la modernidad parezca una pesadilla con aire acondicionado. Pero James Branch Cabell escribió: «Un optimista cree que vivimos en el mejor de los mundos posibles. Un pesimista teme que esto sea cierto». Hay pocas dudas de que, en lo que respecta a la comunidad y la felicidad, somos, en cierto modo, víctimas de nuestro propio éxito. Es fácil darse cuenta de los beneficios de la vida moderna, pero es mucho más difícil calcular la pérdida de sentido y de comunidad.

La vida humana primitiva era habitualmente un desastre, y no podíamos sobrevivir sin ayuda. El individualismo ni siquiera estaba en el menú. Hay un número casi infinito de razones para querer dejar eso atrás. Ya no tenemos que depender los unos de los otros, pero seguimos estando conectados. Nos necesitamos unos a otros, incluso cuando no nos necesitamos. Si todas las necesidades de tu hijo estuvieran cubiertas, seguirías queriendo hacer cosas por él, protegerlo a pesar de que está a salvo, alimentarlo aunque la comida sea abundante. Si tu hijo tuviera todo lo que pudiera desear, seguirías deseando llevar a cabo el proceso de cuidado. Como cultura, parece que creemos que podemos «resolver» todas las necesidades y llegar a cero, pero seguimos necesitando que nos necesiten. Junger escribió: «A los seres humanos no les importan las dificultades, de hecho prosperan con ellas; lo que les importa es no sentirse necesarios. La sociedad moderna ha perfeccionado el arte de hacer que la gente no se sienta necesaria». Tuvo que llegar una pandemia mundial para que muchos de nosotros volviéramos a pensar en lo importantes que son nuestras relaciones.

Nos hemos vuelto más inteligentes, pero menos sabios. Y eso no es filosofía barata, es ciencia. La sabiduría no es solo un cociente intelectual sin más, sino que implica comprender a los demás. Y cuando los investigadores encuestaron a dos mil estadounidenses de diferentes niveles de ingresos, descubrieron que ser más rico significaba ser menos sabio. No, el dinero no es malo. Pero los pobres tienen que depender más de los demás, como lo hacíamos en el pasado, como lo hacemos durante los desastres. Y eso es lo que descubrieron los científicos: «El efecto de la clase social en el razonamiento sabio se explicaba, al menos en parte, por un mayor sentido de la interdependencia expresado por los participantes de menor [nivel socioeconómico]».

¿Recuerdas que los amigos eran «otro yo»? Las comunidades son lo mismo. La investigación sobre la autoexpansión encontró el mismo efecto para los grupos. Los incluimos como parte de nosotros mismos cuando pertenecemos a un grupo. Las comunidades son otro yo, otro amigo. De hecho, el efecto es más fuerte en algunos aspectos: un estudio de 2020 descubrió que sentimos el mayor apoyo de los amigos cuando están conectados entre sí. Sentirse querido por cinco amigos por separado es menos agradable que por cinco amigos comunes. Los amigos son estupendos. Las comunidades pueden ser aún mejores.

Podemos reírnos de los amish, pero ellos lo saben mejor que nosotros. No evitan la tecnología porque sean luditas. Adoptan algunas de ellas, como los tractores. ¿Cómo deciden lo que se aprueba y lo que no? Por el efecto que tiene en la cercanía de la comunidad. Los tractores ayudan a cultivar. Suena bien. Pero los coches permiten a la gente vivir más lejos. *Not good.*

Cuando los jóvenes amish alcanzan la mayoría de edad, participan en lo que se llama «Rumspringa». No tienen que seguir las reglas y pueden vivir en el mundo moderno durante un tiempo. Tienen la oportunidad de ver el otro lado. Después de un par de años de esto, tienen que elegir: ¿mundo moderno o mundo amish? Más del 80 % elige volver y convertirse en amish. Y desde la década de 1950, el porcentaje que elige la vida amish no ha hecho más que aumentar.

No basta con tener un simple contacto cara a cara. Necesitamos una comunidad. ¿Recuerdas los beneficios del contacto humano para la salud? La psicóloga Julianne Holt-Lunstad revisó 148 estudios longitudinales y descubrió que las personas que participaban en una comunidad tenían un 50 % menos de probabilidades de morir en un periodo de siete años. Pero ese aspecto comunitario es primordial. Los empleados y las conexiones digitales no tuvieron ningún efecto. Solo se vivía más tiempo si se pasaba con las personas que realmente se conocían y se sentían cercanas.

Con la comunidad viene la obligación. Pero necesitamos la carga, como necesitamos las responsabilidades de la paternidad. Hemos ido demasiado lejos en el camino de la libertad. Queremos una calle de doble sentido, porque demasiado control es insatisfactorio. Necesitamos compartir y que nos cuiden, al igual que necesitamos cuidar a los demás. Fíjate en la lista de las carreras más felices y está dominada por la ayuda: clérigos, bomberos, fisioterapeutas, profesores. (Los autores también están ahí, para sorpresa de su servidor).

No planteo todos estos puntos deprimentes sobre la vida moderna para entristecerte. Quiero que seas más feliz. Pero Johann Hari señala una investigación que demuestra que si intentas ser más feliz, probablemente fracasarás. ¿Por qué? Porque la definición occidental de felicidad es individualista. Y, como descubrió Brett Ford, de la Universidad de Berkeley, eso no funciona. Tus esfuerzos se centrarán en el yo-yo-yo, y hemos visto que eso no encaja con millones de años de naturaleza humana. Lo harás mal porque apuntarás al objetivo equivocado. Más estatus, más dinero, más control, menos obligaciones no lo conseguirán... Por cierto, si vives en Asia, ignora lo que acabo de decir. Allí, la definición de felicidad es más colectivista. Para ser más feliz, intentarás ayudar a los demás y tus esfuerzos tendrán más éxito. Como le dijo Ford a Hari: «Cuanto más pienses que la felicidad es algo social, mejor estarás». Puedes ser más feliz. Pero para elevarte, primero debes pensar en cómo elevar a los demás.

Afortunadamente, todo está empezando a encajar como *Voltron*. Ya casi es hora de terminar con esto. Necesitamos saber si somos islas o no. Pero antes de hacer eso, tal vez deberíamos mirar una isla real y ver lo que puede decirnos sobre la historia de nuestra especie...

Capítulo 19

Legalmente, ya estaban muertos. Les habían quitado todo lo que poseían. Sus matrimonios habían sido anulados. Pero se habían acostumbrado a un trato horrible. Eran leprosos. Literalmente.

Era 1866, y el territorio de Hawái estaba «arreglando» su leproso dilema. Asustadas por la enfermedad, las autoridades decidieron exiliar a los leprosos a la isla de Molokai. Eran dieciséis; solo cuatro estaban relativamente sanos. Dos estaban muy enfermos. Pronto otros tres estarían gravemente enfermos.

No había hospital, ni personal para atenderlos en Molokai. No se les proporcionó casi nada. Algunas mantas y algunas herramientas de labranza que ni siquiera sabían utilizar. Suficiente comida para unos pocos días. Las cabañas de la isla estaban en mal estado. Decir que se los dejó para que sobrevivieran por su cuenta sería demasiado generoso; se los abandonó para que murieran.

Y eran extraños, no una familia o un grupo de amigos. No había ninguna razón para que los sanos ayudaran a los enfermos. De hecho, todo lo contrario. Si los sanos se quedaban con toda la comida y no perdían el tiempo atendiendo a los débiles, aumentarían mucho sus posibilidades de supervivencia. La carne de cerdo salada y las galletas de mar durarían semanas si se repartían entre los cuatro más sanos.

Solo el triaje les permitiría crear una existencia habitable. Era hora de deshacerse de los débiles. Eran unos extraños, y significaban un lastre que los haría morir a todos. Era lo único racional que se podía hacer…

El barco regresó dos semanas después, no para llevar ayuda, sino para dejar más leprosos. Y la tripulación quedó atónita ante lo que vio.

Las cabañas estaban arregladas. Se habían sembrado cultivos. Las hogueras ardían las 24 horas del día para mantener calientes a los enfermos. Se había encontrado agua fresca. Los más sanos no se habían quedado la comida para sí mismos; pasaban todo el tiempo cuidando a los débiles. Los demás cocinaban y cuidaban la vida sostenible que habían empezado a construir. Y todos los miembros del grupo inicial estaban vivos.

Los fuertes no hicieron lo «racional» y eligieron la supervivencia egoísta. Operaban por instinto. Era la naturaleza humana. Hicieron la elección aparentemente irracional de cuidar de los demás.

¿Una simple casualidad? Difícilmente. Como se detalla en «Pirates, Prisoners, and Lepers: Lessons from Life Outside the Law» (Piratas, prisioneros y leprosos: lecciones de la vida al margen de la ley), los profesores de la Universidad de Pennsylvania Paul Robinson y Sarah Robinson explican que esta respuesta se ha visto una y otra vez en grupos que se encuentran en las situaciones más graves, en todo el mundo, a lo largo de la historia. No siempre, pero sí muy a menudo. Porque la cooperación «irracional» es lo que nos ha llevado al éxito como especie.

Olvidamos que nuestra supremacía en este planeta no estaba ni mucho menos predestinada. Hemos vivido al borde de la extinción durante la mayor parte de las 125.000 generaciones de Homo sapiens. La prueba definitiva es que si no hubiéramos cooperado la mayoría de las veces, si no hubiéramos apostado y elegido ayudar cuando no tenía sentido, sencillamente: no estarías aquí leyendo esto.

La colonia de leprosos de Molokai era realmente una isla. Pero lo que demuestra es que tú y yo no lo somos.

* * *

¿Qué hemos aprendido?

La soledad apesta, y estamos más solos que nunca, pero no se trata tanto de la falta de gente como de la falta de comunidad. Y la soledad es algo nuevo, nacido de nuestra historia relativamente reciente de individualismo.

También nos vendría bien un poco más de soledad deliberada para ser más creativos, encontrar la sabiduría y ponernos en contacto con nosotros mismos. Pero, no, no necesitamos tanto como nuestro ermitaño Chris Knight. (La psicóloga de Harvard, Jill Hooley, cree que tiene un trastorno esquizoide de la personalidad. Si no es así, necesitarás más tiempo con la gente que él). Necesitamos un equilibrio entre comunidad y solitud, como el que teníamos antes del siglo xix, pero ahora mismo no tenemos suficiente de ninguno de los dos.

La popularidad es algo bueno, pero como cultura estamos eligiendo el tipo equivocado, optando por el estatus, el poder y la fama en lugar de ser agradables. Por lo general, esto no conduce a cosas buenas, y por eso tu hija quiere ser asistenta de una celebridad en lugar de directora general. La falta de comunidad hace que nuestra materia gris se sienta insegura, empujándonos hacia una mayor necesidad de control en nuestras vidas y relaciones. Esto nos ha llevado a elegir relaciones parasociales con la tecnología, que son insatisfactorias. Las redes sociales no son malas, pero como a menudo las utilizamos para sustituir las relaciones reales y la comunidad, sus perjuicios suelen ser mayores que sus aspectos positivos. Maquiavelo dijo que, si tienes que elegir entre ser amado o temido, elige ser temido. Pero tú no eres un príncipe, así que lo siento, todos necesitamos un poco más de amor. Como dice el profesor de Psicología de Pepperdine, Louis Cozolino, «el problema es que cuando dependes de un sustituto del amor, nunca tienes suficiente». Y, por favor, no te enamores de una almohada.

La felicidad ha bajado y la depresión ha subido como consecuencia de nuestra sociedad hiperindividualista. Hemos intentado sobrellevar la situación mediante los efectos placebo de los antidepresivos y los pseudoabrazos de los opiáceos, pero eso no va a servir. Lo que necesitamos es más comunidad. Es nuestro estado natural, y cuando la catástrofe nos deshoja brevemente de modernidad, podemos ver lo naturalmente buenos y cooperativos que somos. Cuando la vida está en su peor momento, estamos en nuestro mejor momento, como hemos demostrado una y otra vez desde el Katrina hasta Molokai. Cuando la necesidad de estatus se echa a un lado, cuando estamos «juntos en esto», afrontando nuestros problemas colectivos, descubrimos que la comodidad personal importa poco, no necesitamos el control obsesivo, nos sacrificamos unos por otros y, sorprendentemente, nos sentimos mejor. No esperemos la catástrofe o la guerra. Podemos aprender una lección de los amish y priorizar mejor la comunidad. Como nos muestra la investigación sobre el placebo, todos necesitamos saber que alguien vela por nosotros. Que no estamos solos. Que a pesar de lo que nos aqueja, la ayuda está en camino.

¿Cuál es el veredicto final sobre la máxima de esta sección? ¿Es necesario que lo diga? Bien, para que conste:

«Nadie es una isla» = Verdadero.

El siglo XIX trajo nuevas ideas revolucionarias que condujeron a muchas cosas buenas, pero también a algunas no tan buenas. El individualismo fue demasiado lejos, y acabamos con una deficiencia nutricional en comunidad, lo que provocó un escorbuto emocional. Y ahí es donde vuelve nuestro encantador concepto de la «historia». ¿Qué papel juegan las historias en la comunidad? Lee Marvin dijo una vez: «La muerte solo es el final si das por hecho que la historia es sobre ti».

No eres el único personaje de la historia.

La historia no es un monólogo. Tal vez sea un drama (o en los días malos, una comedia de situación), pero si no cuenta con un elenco completo de personajes, será una tragedia. Diablos, si tienes hijos puede que ni siquiera seas el personaje principal de la historia, sino el sabio mentor que ayuda al protagonista en el viaje que lo espera. (¿Yo? Solo soy el toque cómico).

Conscientemente, siempre nos esforzamos por tener más autonomía y control, pero en el fondo un monólogo no es para lo que estamos programados. Si lo estuviéramos, el efecto placebo no funcionaría. Necesitas que alguien te diga «todo va a ir bien». El héroe necesita salvar a los demás y, en ocasiones, ser salvado él mismo.

Vaya. Hemos superado el último capítulo. Tú y yo. Nosotros. Ahora es el momento de resolver el mayor misterio de todos: el sentido de la vida. Nos quedan un puñado de páginas. No debería ser tan difícil, ¿verdad?

Comencemos nuestro final con una última historia…

ALGO VAGAMENTE PARECIDO A UNA CONCLUSIÓN

El Dr. Giovanni Borromeo solo quería que cesaran las muertes. En 1943, una nueva y letal enfermedad se extendió por su distrito en Roma. Los médicos la llamaron «síndrome K» porque no tenían ni idea de lo que era. Los infectados tenían que permanecer en un pabellón separado y cerrado, porque era extremadamente contagiosa.

Las fases iniciales de la enfermedad se parecían a la tuberculosis, pero su progresión era mucho más diabólica, causando síntomas neurológicos como parálisis y demencia. Finalmente, los pacientes morían por no poder respirar. Los niños eran los que peor lo pasaban. Siempre se sabía cuándo se estaba cerca de la sala del síndrome K porque la tos áspera e incesante de los pequeños atravesaba el aire y resonaba en los pasillos.

Nadie había visto nunca nada parecido. No se había identificado el patógeno subyacente y no había tratamiento. La epidemiología estaba aún en pañales y la guerra seguía haciendo estragos en Europa, así que no había ayuda. El mayor temor de Giovanni era que se extendiera, no solo dentro de los límites de su querido hospital, sino al resto de Roma. Solo veinticinco años antes, la gripe de 1918 había infectado a quinientos millones de personas y eliminado a casi el 5 % de la población mundial.

La situación era mala y empeoraba rápidamente, pero al menos estaba en el lugar perfecto. El Hospital Fatebenefratelli se encuentra en una pequeña isla del río Tíber y tiene la tradición de dar guerra a las epidemias que surgen. En 1656 luchó contra la peste; en 1832 su enemigo fue el cólera. Era un santuario, y sus médicos hacían lo que siempre habían hecho: luchar para salvar vidas, sin importar el coste.

Pero la enfermedad no era la única amenaza. Si el síndrome K no mataba a Giovanni, los nazis podrían hacerlo. Hacían inspecciones en el hospital y no les gustaba su interferencia. Algunos miembros del personal le decían entre dientes que les dejara revisar la sala del síndrome K a su antojo. Pero Giovanni se dedicaba a salvar vidas. Odiaba a los nazis, pero no iba a dejarlos morir. Les negó repetidamente la entrada al ala del síndrome K.

Una vez, la situación se calentó. Giovanni se preguntaba si se lo llevarían a rastras por su descaro. Pero cuando los nazis oyeron las toses salvajes de los niños, cambiaron de opinión y se fueron.

Fue una época terrible. Hizo lo que pudo. Giovanni solo quería que las muertes cesaran. Finalmente, la guerra terminó. Los nazis nunca lo mataron. Y como buen médico, nunca dejó que arriesgaran sus vidas al entrar en la sala del síndrome K. Otro milagro fue que él mismo nunca se infectó...

Pero el judaísmo no es contagioso.

Verás, mi querido lector, el síndrome K no existía. Era una invención. Una mentira. Como he dicho, Giovanni Borromeo solo quería que las muertes cesaran. Las muertes de judíos inocentes, claro. Fatebenefratelli era un refugio.

En octubre, los nazis reunieron a diez mil judíos de Roma y los enviaron a los campos. El gueto judío estaba frente a Fatebenefratelli. Los pocos que eludieron la captura se refugiaron en el hospital. Giovanni y sus compañeros médicos los acogieron. Pero eran demasiados para ocultarlos. Y seguían llegando. Sin un plan, los nazis se darían cuenta y todos morirían. Así que crearon una historia: «El síndrome K».

Como dijo posteriormente Adriano Ossicini, otro médico del hospital en una entrevista: «Creamos esos papeles para los judíos como si fueran pacientes normales, y en el momento en que teníamos que decir qué enfermedad padecían... Era el síndrome K, que significa "admito a un judío" como si estuviera enfermo, pero todos estaban sanos».

Los médicos estaban aterrorizados, pero eso no les impidió divertirse un poco para aliviar la tensión. ¿Qué significaba la K del síndrome K? Llamaron a su enfermedad ficticia como el comandante nazi local, Kesselring. Y al hacer que la enfermedad pareciera tan horrible y encerrando a las «víctimas» en una ala privada, asustaron a los nazis para que no siguieran investigando.

Sí, esa vez se llegó a un punto aterrador. Parecía que los nazis iban a detener a Giovanni, entrar en el ala del síndrome K y descubrir la treta. Por suerte, uno de los empleados estaba en la sala y animó a los niños a toser tan fuerte y horriblemente como pudieran. Eso funcionó. Los nazis no querían contagiarse de lo que causaba esos terribles sonidos.

En 1961, Giovanni murió en el mismo hospital en el que salvó vidas. No murió por el terriblemente virulento síndrome K. Nadie lo sufrió. Pero más de cien personas vivieron gracias a él. Y en 2004, Yad Vashem, la organización israelí creada en memoria de las víctimas el Holocausto, declaró a Borromeo «justo entre las naciones». Un héroe.

La historia era una mentira. El síndrome K no era real. Pero, mucho más importante, las vidas que salvó sí lo eran.

* * *

En la introducción de este libro, te prometí la respuesta al sentido de la vida. Y ahora estamos casi al final. Así que es hora de cumplir la promesa, supongo. (Nota para mí: tengo que manejarlo con tacto. Hay gente que ha sido quemada en la hoguera por equivocarse en esto).

Casi por definición, el sentido es algo que debe conectarlo todo en la vida. El sentido de la vida debe ser algo que, bajo la superficie, motive la mayor parte de lo que hacemos, nos haga felices cuando estamos en equilibrio con él e infelices cuando no lo estamos.

Así que, basta de balbucear: ¿Cuál es el verdadero sentido de la vida?

Y yo qué sé. Mira, entiendo que esperabas algún tipo de sabiduría Morgan-Freemaniana aquí, pero no tengo licencia para practicar la metafísica en el estado de California. Claro, tengo una tonelada de estudios de investigación, pero no tengo una línea directa a la verdad eterna. Pregúntame sobre algo tan profundo como el único y verdadero significado de la vida, y estaré mirando a mi alrededor como un niño en el centro comercial que no encuentra a su madre.

Lo sé, lo sé, no es una respuesta muy satisfactoria. Pero, en serio, no puedes culparme. Lo he buscado, y la pregunta «¿Cuál es el sentido de la vida?» es, en realidad, bastante nueva. Lo creas o no, apareció por primera vez en inglés en 1843...

Oye, espera un segundo. Siglo XIX. Al igual que la soledad. Antes de eso, el significado venía empaquetado y listo. Teníamos historias que satisfacían la necesidad de saber, así que no nos molestábamos en preguntar. Entonces, todas esas nuevas ideas individualistas comenzaron a tomar el control. La ciencia floreció. Nos dio mejores respuestas sobre el mundo material y un mayor control sobre él, lo cual era bastante bueno. Pero no llenó el vacío emocional que creó cuando perdimos nuestras historias del significado de la vida...

Mmm. Tal vez haya una respuesta. Vamos a ver esto desde otro ángulo. Preguntémonos: ¿Qué predice lo significativa que percibimos la vida? Y un estudio de 2013 encontró una respuesta muy sólida y clara a esa pregunta: el sentido de pertenencia.

De hecho, ese documento, «To Belong Is to Matter: Sense of Belonging Enhances Meaning in Life» (Lo que importa es pertenecer: la sensación de pertenencia le da más sentido a la vida) no solo encontró una correlación. La pertenencia provocaba un sentimiento de que la vida tiene sentido. Y no se trata de un artículo aislado. Otro artículo del mismo autor, Roy Baumeister, profesor de la Universidad Estatal de Florida, postulaba la necesidad de pertenencia como la «motivación principal» de nuestra especie. Y, lejos de ser rechazado, ese estudio ha sido citado más de veinticuatro mil veces.

La pertenencia. Es por eso que el superpoder de nuestra especie es la cooperación. Es lo que vimos con la adicción a las drogas que secuestra las vías de recompensa social del cerebro humano. Es lo que vimos con el efecto placebo que cura los males diciéndole a tu cuerpo que alguien se preocupa.

Está bien, ya dejo de buscar a mi mamá. La sabiduría Morgan-Freemaniana está al caer. Me someto humildemente a ti: la pertenencia es el significado de la vida.

Antes del siglo xix y del individualismo, todas nuestras ideologías eran historias de pertenencia y conexión, que nos recordaban que no estamos solos y que no eres el único personaje de la historia. El significado y la pertenencia siempre han venido envueltos en historias y han ayudado a formar las ideologías por las que vivimos.

Ahora algunos van a decir: «La mayoría de esas historias no eran ciertas». Y no lo niego. Como dijo Neil Gaiman: «Las historias pueden ser mentiras, pero son buenas mentiras que dicen cosas verdaderas». Los cuentos no siempre son verdaderos, pero, como en el caso del síndrome K, la gente que nos rodea sí lo es. La ciencia construye modelos para tratar de entender el mundo, y nunca son perfectos, pero nos dan ideas. Por eso el viejo dicho es «todos los modelos son erróneos, pero algunos modelos son útiles». Esa frase también es válida para nuestras historias. Su objetivo principal, lo sepamos o no, no es la verdad, sino la unidad. No siempre aciertan con los hechos, pero sí con el sentido de la vida: la pertenencia. Igual que tu cuerpo acepta una historia falsa en el efecto placebo. La acupuntura no ayuda, pero la atención que presta es una clara señal de pertenencia, y eso es lo importante.

La inexactitud de nuestras historias no ha sido el mayor problema para los humanos. No. Lo que realmente nos ha fastidiado las cosas es cuando la historia del grupo A no coincidía con la historia del grupo B. El poder de pertenencia es tan fuerte que nos ponemos los puños americanos cuando nuestras historias son cuestionadas. No hace falta un doctorado en Historia para ver que las peleas por las historias han causado muchos problemas a la humanidad. He hablado mucho de la unión que se produce dentro de un grupo durante la guerra, pero convenientemente no he mencionado lo que causó la guerra en primer lugar. El superpoder de nuestra especie puede ser la cooperación dentro de un grupo que comparte una historia, pero hemos estado demasiado dispuestos a matar a los miembros de un grupo que tiene una historia diferente.

¿Cuál es la respuesta, entonces? ¿Cómo podemos mantener la pertenencia cuando nuestras historias son mutuamente excluyentes? La solución es sencilla: más historias. Siempre podemos crear otra historia que nos una de una manera nueva. Lo hacemos ahora. Puede que no seas mi familia, pero eres mi amigo. Puede que no seas de mi religión, pero formamos parte de la misma nación. Puede que no tengamos nada en común, pero ambos somos fans de *Star Wars*. Las nuevas historias pueden unirnos cuando las antiguas no lo consiguen. Siempre podemos formar parte de la misma tribu y compartir una historia de pertenencia. Tenemos un número infinito de maneras de conectar si lo intentamos. No necesitamos la guerra o el desastre para recordarnos que somos cooperativos por defecto. En el siglo XIX cambió nuestro metarrelato dominante. Pero podemos volver a cambiarlo si queremos.

Tal vez sea hora de un poco menos de ciencia y un poco más de historias. Sí, eso es irónico viniendo de mí. Soy el tipo que ha estado presentando estudios científicos ante tus ojos durante cientos de páginas. Pero también incluí historias en este libro, ¿no? Y un estudio de 2020 dijo: «Encontramos que la evidencia anecdótica es más persuasiva que las pruebas estadísticas cuando el compromiso emocional es alto, como cuando los asuntos implican una amenaza grave, la salud o uno mismo». Sí, soy un canalla astuto. Pero es una prueba más de que necesitamos historias.

Me siguen gustando los hechos y las estadísticas. Son increíblemente valiosos y han mejorado nuestras vidas de forma espectacular. Dicho esto, no encontraremos el sentido de la vida a través de las teorías científicas. Necesitamos una historia unificadora que vaya más allá del individuo y nos haga sentir que pertenecemos. Mark Twain escribió: «No te separes de tus ilusiones. Cuando desaparezcan, puede que sigas existiendo, pero habrás dejado de vivir».

Necesitas pertenecer. Y todos necesitamos una historia que nos una. Este libro no es un «elige tu propia aventura», pero tu vida sí lo es. Así que esto no es un final. Es un comienzo.

Hemos visto señales de microondas extraterrestres, caballos superinteligentes, ermitaños ladrones, los peligros de los recuerdos perfectos, a Casanova, colonias de leprosos, supersoldados, futbolistas mentirosos, novias almohada y placebos, amistades entre predicadores y pornógrafos, la señora Sherlock Holmes, el troleo de Edgar Allan

Poe, negociadores de rehenes, esposas en la sala de partos, las personas más amistosas del mundo, el veto a la Viagra y engañar a los nazis con enfermedades falsas. Quiero darte las gracias por acompañarme en este alocado viaje.

Espero que hayas aprendido algo. Yo sí lo he hecho. He experimentado un profundo pesar al aprender algunas de estas lecciones demasiado tarde. Espero haberte ahorrado algo de eso. Soy el tipo que obtuvo una puntuación de cuatro sobre cien en agradabilidad, pero los momentos más memorables de mi vida, los que más me han conmovido, no son aquellos en los que estaba solo. Siempre estaban aquellos del grupo en el que me sentía aceptado. Donde sentía que pertenecía.

Y si no te sientes en tu sitio en este momento, no olvides los mágicos poderes curativos del placebo de este libro. En serio, alivian tanto el dolor como la acupuntura. Solo con sostenerlo en tus manos ahora mismo, los midiclorianos incrustados en la cubierta están curando tu dolor. La ciencia lo dice. Aquí está mi correo electrónico si quieres escribirme: eb@bakadesuyo.com.

Ahora me doy cuenta de que necesitaba este libro más que tú. Toda mi vida, mi historia ha sido solitaria. No ha sido una comedia de amigos, ni un romance, ni un drama coral. Ha sido un monólogo. Pero he aprendido una lección de la soledad del monstruo de Frankenstein. Un libro como este no se hace pasando mucho tiempo con amigos. Viene del tiempo que se pasa solo. Tal vez demasiado tiempo a solas.

Así que tengo que irme, ahora. Tengo que ver a mis amigos. Tengo que abrazarlos y decirles que los quiero. Tal vez decirles: «Me gustaría comerme tus intestinos». Tengo mucho que arreglar y compensar. Pero ahora, tengo una mejor idea de cómo empezar.

Hay un viejo proverbio africano que dice: «Si quieres ir rápido, ve solo. Si quieres llegar lejos, ve acompañado». He ido rápido durante muchos muchos años. Pero el camino es mucho más largo de lo que pensaba. La rapidez ya no es suficiente. Necesito ir lejos.

¿Podemos ir juntos?

RECURSOS

Como ya hemos comentado, la soledad es algo serio. Si estás sufriendo, hay ayuda disponible.

Recibir asistencia no es algo de lo que haya que avergonzarse. Después de la novela de ciencia ficción que fue el año 2020, demasiados de nosotros nos hemos sentido aislados, incluido yo. Bajo el bloqueo, mi anillo del humor explotó, y sentí como si mi alma se hubiera frito.

Si lo estás pasando mal, busca los sitios de ayuda que hay en tu país, casi todos tienen teléfonos de asistencia, organismos públicos u organizaciones no gubernamentales que dan algún tipo de asistencia. El problema de la soledad se ignora tanto que se podría pensar que es una página de «términos y condiciones». No luchar para dejar de sufrir constituye una mala praxis existencial. Y lo que es más importante, recuerda: No estás solo.

ANTES DE DECIR ADIÓS

No importa lo aislado que estés y lo solo que te sientas,
si haces tu trabajo de verdad y a conciencia,
los amigos desconocidos vendrán a buscarte.

—CARL JUNG

Como he dicho en el libro: esto no es un final, es un comienzo. Un comienzo de una mejor comprensión de nosotros mismos, de la comprensión de los demás, y de aprender más formas de simplemente «ser mejor humano».

Esto es un viaje continuo. Más de 500.000 personas se han suscrito a mi boletín gratuito. Únete a nosotros:

https://www.bakadesuyo.com/newsletter

Vayamos lejos. Vayamos juntos.

AGRADECIMIENTOS

Escribir un libro es como contar un chiste y tener que esperar dos años para saber si fue o no gracioso.

—ALAIN DE BOTTON

Casi nadie lee la sección de agradecimientos. Francamente, es una pena, porque «Ningún libro es una isla». Muchas personas han contribuido a que esta colección de palabras llegue a tus manos, y deben recibir algún elogio.

Aunque pocas personas leerán esto, estoy encantado de escribirlo porque tengo la oportunidad de mostrar una gratitud muy merecida y es lo más cerca que voy a estar de poder investir como caballero a la gente.

- Jason Hallock. Mi verdadero amigo aristotélico. Definitivamente es otro yo, y uno mucho más agradable. Con demasiada frecuencia ha sido la única pieza del Jenga que ha evitado mi colapso.
- Nick Krasney, Josh Kaufman y David Epstein. Son poderosos héroes en el BCU (Universo Cinematográfico de Barker). Me mantuvieron en pie durante el confinamiento de la pandemia cuando estaba muy solo. Diga lo que diga mi saldo bancario, soy rico por tenerlos en mi vida.

- Mis padres, que claramente no tenían ni idea de lo que les esperaba.
- Mi agente, Jim Levine, y mis editores, Gideon Weil y Hilary Swanson, quienes toleran mi mezcla de excentricidades con menos suspiros audibles de los que cabría esperar.
- Tyler Cowen, que puso mi blog en el mapa y me ayudó a demostrar que F. Scott Fitzgerald estaba equivocado: las vidas americanas pueden tener segundos actos.
- También me gustaría comerme los intestinos de Gautam Mukunda, Don Elmore, Mike Goode, Steve Kamb y Tim Urban.
- Y a todas las personas que leen mi blog, sois increíbles. Simplemente increíbles. Sois mi comunidad, mi tribu. Habéis cambiado mi vida de maneras que nunca sabréis, todas ellas para bien. No puedo expresar lo mucho que significáis para mí.

De acuerdo, vuelvo a mi despotrique. Como dije, no es justo que las secciones de reconocimiento nunca se lean…

Espera. Espera un segundo… Eso ya no es cierto, ¿verdad? Has leído esto. Eso es muy impresionante por tu parte. Gracias por reconocer la contribución de mis amigos. Te mereces algo especial. ¿Quizás una especie de «Billete Dorado» de Wonka? Ve aquí para reclamar tu premio, Charlie:

https://www.bakadesuyo.com/goldenticket

Los huevos de Pascua son divertidos, ¿no? Creo que no hay suficientes en los libros. Por otra parte, tal vez haya más de ellos en este libro en alguna parte. ¿Quién sabe?

REFERENCIAS

La ciencia es magia que funciona.

—Kurt Vonnegut

Puedes encontrar las referencias en inglés de esta obra, en la ficha del libro en nuestra página web: https://www.indicioseditores.com/

SOBRE EL AUTOR

Cuando escribo, me siento como un hombre sin brazos
ni piernas con un lápiz en la boca.

—Kurt Vonnegut

ERIC BARKER dejó de prestar atención en la clase de Física cuando terminaron de hablar de los accidentes de tráfico, y perdió el interés en la Biología después de tratar el tema del sexo. A pesar de ello, escribe sobre ciencia. Asistió a la Universidad de Pensilvania, una universidad que se enorgullece de convertir a mocosos ensimismados en adultos educados. Luego se mudó a Hollywood, una ciudad que se enorgullece de convertir a los adultos educados en mocosos ensimismados. Su blog, *Barking Up the Wrong Tree* (Errando el tiro), presenta respuestas basadas en la evidencia y la visión de expertos sobre cómo ser increíble en la vida. Más de 500.000 personas se han suscrito a su boletín. Su primer libro, *Barking Up the Wrong Tree* (*Errando el tiro*), fue un *best seller* del *Wall Street Journal* y se ha traducido a más de dieciocho idiomas. Eric ha dado charlas en el MIT, Yale, Google, el Mando Central de los Estados Unidos (CENTCOM), el NASDAQ y el Centro de Entrenamiento Olímpico. Ha hecho todo tipo de cosas impresionantes… pero ya basta de hablar de él: ¿cómo estás tú?